予約のとれない
エステティシャンが教える
一生使えるテクニック

セルフ小顔

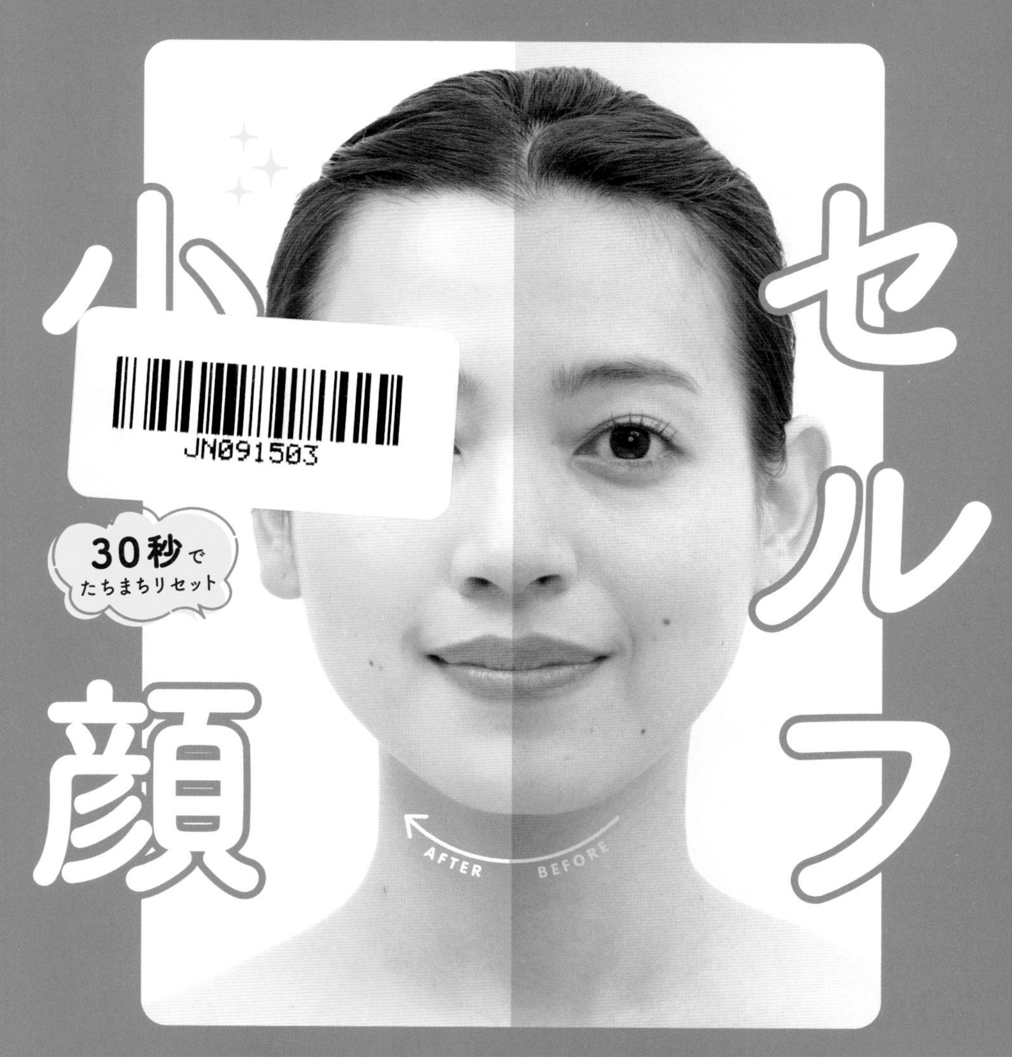

カスタムケアサロン「Lieb」オーナー
三澤順子
Misawa Junko

サンマーク出版

Prologue

本書で紹介するのは、
「めんどくさい」が口ぐせのエステティシャンが考案した
少しの努力で最大の効果が出る小顔マッサージです。

はじめまして。
カスタムケアサロン「Lieb」でエステティシャン、パーソナルトレーナーをしている三澤順子です。

私はお客様のフェイスライン作りが大好きです。

「小顔削り」を受けられたお客様が施術後、鏡を見て驚いて、自分の顔を触ってみて「小さくなってる！」と喜ぶ瞬間がたまらなく幸せなのです。

私の施術の小顔削りは骨に癒着している筋肉を剥がします。そして、こり固まったり、うまく使えず伸びてしまっている筋肉を正しく働かせるようにし、たまった老廃物を流します。

顔の筋肉も身体の筋肉と同じで使わないと衰えます。衰えると皮膚が垂れ下がり、たるみやほうれい線の原因になります。

筋肉や老廃物がこり固まってコリになると、顔が大きくなったり、エラがはって顔の余白が大きくなることも。

エラはりというと骨格の問題で諦めざるをえないと思っている人もいますが、実は、咬筋（こうきん）の過度な発達でバランスが崩れたためにフェイスラインが変わってしまうことがあるのです。

身体の筋肉を鍛えると、腕や太もも、ふくらはぎが大きくなるのと同じように、顔の筋肉も発達しすぎてしまうと、その部分が大きくなります。

発達して大きくなった筋肉をしっかりほぐしてあげることで、キレイなフェイスラインを手に入れることができます。

左の写真は実際に私がサロンで施術したお客様です。

一番上の写真から、別人のようにフェイスラインが変わりました！

正しく筋肉を使えるようになると、顔の筋肉がふわふわになるんですよ。

顔色も良くなって、赤ちゃんみたいなハリがある、弾力のある肌になれます。

プロの施術だからこんな効果があるんでしょ？　と思う人もいるかもしれませんが、たしかにプロにしかできないことや施術のリラックス効果、即効性はあります。

ただし、小顔になること、ほうれい線やたるみなどの気になるお顔悩みを解消する

フェイスラインが劇的変化

小顔
施術前

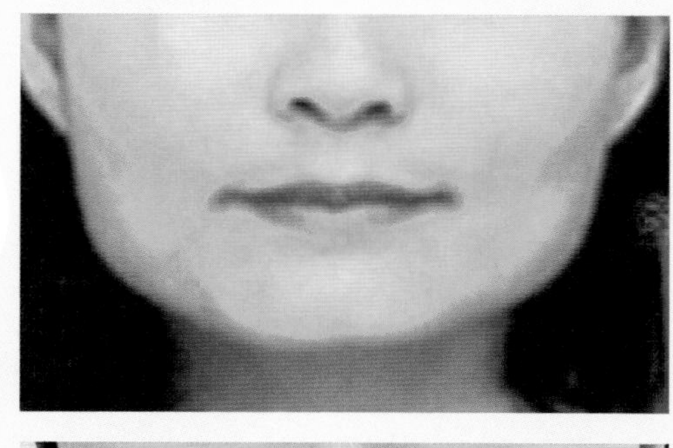

2021年
12月

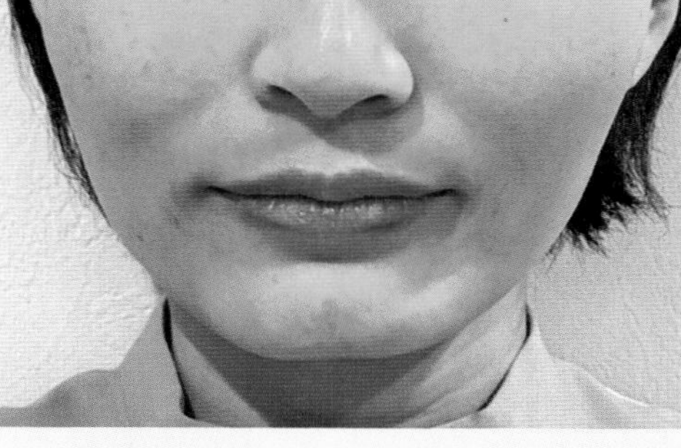

2023年
2月

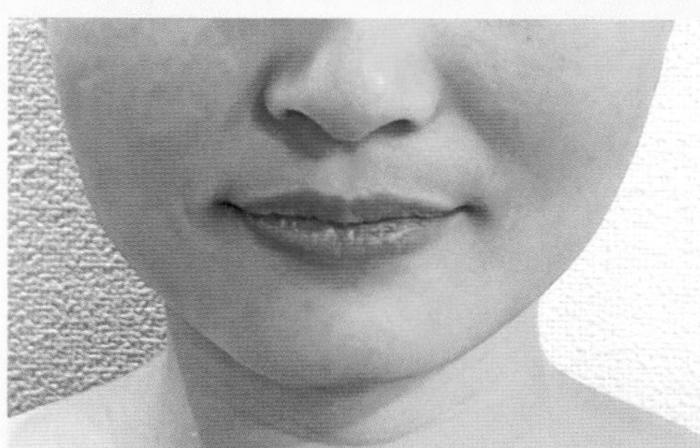

フェイスラインが
スッキリ！

2021年12月のときより、
頬が柔らかく、ハリが出て
若々しい印象に

には、セルフマッサージでも十分効果を出せます！

私のサロンでは必ず〝ご自宅でやってきていただきたいこと〟をお客様にお伝えしています。

ご自宅で、朝の忙しい時間帯や入浴中にでもできる簡単なマッサージを施術後に念入りにレクチャーします。

自分で言うのもなんですが、私の口癖は「めんどくさい」です。

できれば面倒なことはしたくない。

工程がたくさん必要な美容法やストレッチよりも、1回で、短い時間で済むものがいい。じゃないと、私自身が続けられないんです。

続けることが何よりも効果があることをエステティシャンとして理解しているので、『セルフ小顔』では、とことん面倒じゃないものを考えました。

30種類のセルフケアを紹介していますが、たくさんやる必要はありません。

3分でも1分でも、30秒でもいいから、毎日少しでもいいからやることが大切です。

とりあえず1週間やる。５日間でもいいです。
時々やるではなくて、決めた日程を確実にこなしてみてください。
そうすることで、必ず結果がついてきます。
結果がついてくると続けたくなりますもんね。

お顔まわりは毎日嫌でも鏡で目にする場所。
たるみやむくみで顔全体がぼんやりする、目の開きがなんだか悪い、くすみが気になる、ほうれい線が目立つ……など、気になることがどうしても目についてしまうもの。
見て気分が落ち込むこともあると思いますが、身体の他のどのパーツよりもご自身で変化を感じられる場所でもあるのです。
セルフ小顔をすると、それが1ミリに満たない変化でも、「わっ！　フェイスラインが引き上がった！」と劇的な違いを自分自身で実感できます。
気になる場所から試してみてくださいね。

三澤　順子

セルフ小顔の効果は美容だけにあらず。
顔が小さくなったり、たるみが消えたりするほかにもたくさんの効果があります。

サロンに通っているお客様からは、

「眼精疲労がとれた」
「視力が良くなった」
「肩こり、首こりがなくなった」
「偏頭痛がなくなった」
「肌がキレイになった」

「姿勢が良くなった」

という声をたくさんいただいています。
みなさん始めるきっかけは、
「小顔になりたい」
だったはずなのに、
最終的には顔がスッキリした
ことよりも、
身体の不調が
改善されたことを
喜んでいらっしゃいますね。

/ Contents /

Part 1

顔の余白がなくなる セルフ小顔

Part 2 首長族になれる 首ケア

Part 3 肌のハリ、血色がUP 頭皮ケア

Part 4

すきま時間にできる デコルテケア

どうして歳をとると、どんどん顔の余白が大きくなっていくのか

「体重が増えたわけではないのに、顔が大きくなった……」
「顔の余白が増えて、全体がぼやけている」
「ファンデーションの減りが早くなった」
こんな悩みを抱えている人も少なくないはず。

どうしていつの間にか顔が大きくなってしまうのでしょうか。

顔には50種類以上の筋肉があり、「表情筋」と呼ばれています。
目で見えている皮膚から順に下に脂肪、表情筋、骨という構造になっています。
この表情筋が使われなかったり、加齢のために老化したりすると、筋肉の上にある皮膚、脂肪を支えきれなくなります。
逆に筋肉を発達させすぎると、エラはりなどの原因にも。

皮膚が垂れ下がると、年々顔のサイズが大きくなっていくだけでなく、フェイスラインがぼやけて、たるみ、しわの原因にもなります。

また、頭蓋骨（ずがいこつ）は22個の骨から構成され、下顎骨（かがくこつ）を除く頭蓋骨は連結されています。
骨の連結（つなぎ目）部分は縫合（ほうごう）と呼ばれ、歪みやすいのが特徴です。
この歪みが原因で、血流やリンパの流れが悪くなり、老廃物がたまります。骨まわりに老廃物が癒着すると、若いころよりもサイズが大きくなってしまいます。
頭皮はそのまま顔につながっているので、ガチガチに固まってしまうと、顔の左右のバランスが崩れたり、しわやほうれい線、たるみにつながります。

頭皮だけではありません。首こり・肩こりも顔を大きくします。
首や肩の筋肉が硬くなるとその上に乗っている顔の筋膜が下へ下へと引っ張られ、たるみになります。
その上、首こり・肩こりがひどいと、肩の僧帽筋（そうぼうきん）がぽっこりします。肩がぽっこり盛り上がることで、首が短く見えてしまい、デカ顔にも見られがちに。

むくみやすい人がむくみを放置すると、骨の周りに老廃物が癒着し、その老廃物と筋肉が癒着するため、筋肉の動きが悪くなってしまいます。
歳をとると気になる肌のハリも筋肉の発達が必要。筋肉がこり固まると、ほうれい線の段差も目立ってしまいます。

頭、顔、首の筋膜はつながっています。

どこか一つでも縮まってしまうとそこに引っ張られてしまいます。

老廃物がこり固まって骨に癒着していくことで、顔の横幅が大きくなったり、顔のムダな余白が増えていくというわけです。

セルフ小顔で頭、顔、首をほぐし、使っていない筋肉を目覚めさせ、使いすぎている筋肉をほぐしてあげることで、美しいフェイスライン、ハリ、小顔も手に入ります。

セルフチェックリスト

ましょう。痛みを感じたり、ゴリゴリを感じたら、そこがこっている&老廃物がある場所です。

1 顔

頬骨の一番高い部分を人差し指と中指の腹で押しながら、クルクルと回してみましょう。

2 首

の前や側面部分をクルクルしょう。

CHECK LIST >

コリと老廃物

あなたの顔まわりの筋肉が柔らかいのか硬いのか、老廃物がたまっているのかを確認してみ

3 頭皮

おでこや生え際、頭頂部を指の腹で押しながら、前後左右に動かしてみましょう。

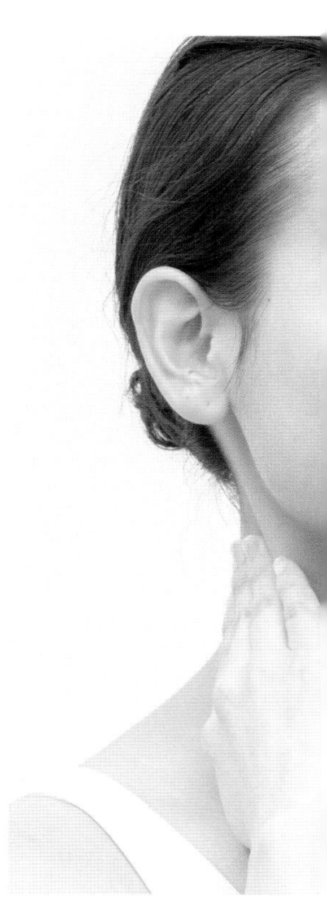

4本の指の腹を使って、首と押しながら回してみま

①が気になった人は

表情筋ケア強化タイプ

顔まわりには約50の筋肉が集まっています。左は代表的な筋肉です。顔の筋肉がこり固まると、下へ下へと垂れ下がってしまうため、ほうれい線やたるみの原因に。血流が悪くなって老廃物がたまると顔の余白が大きくなったり、むくみや乾燥などの肌トラブルの原因にも。肌ケアは念入りにするのに顔の筋肉ケアを怠っている人がとても多いです。
たとえば、ほうれい線ケアには、鼻筋、上唇鼻翼挙筋、上唇挙筋、小頬骨筋、大頬骨筋をほぐす必要があります。エラを小さくしたかったら、咬筋をしっかりほぐしましょう。
顔まわりの筋肉の構造を理解できれば、悩み別にアプローチできるので、より効果を早く実感できます。

顔まわりの筋肉

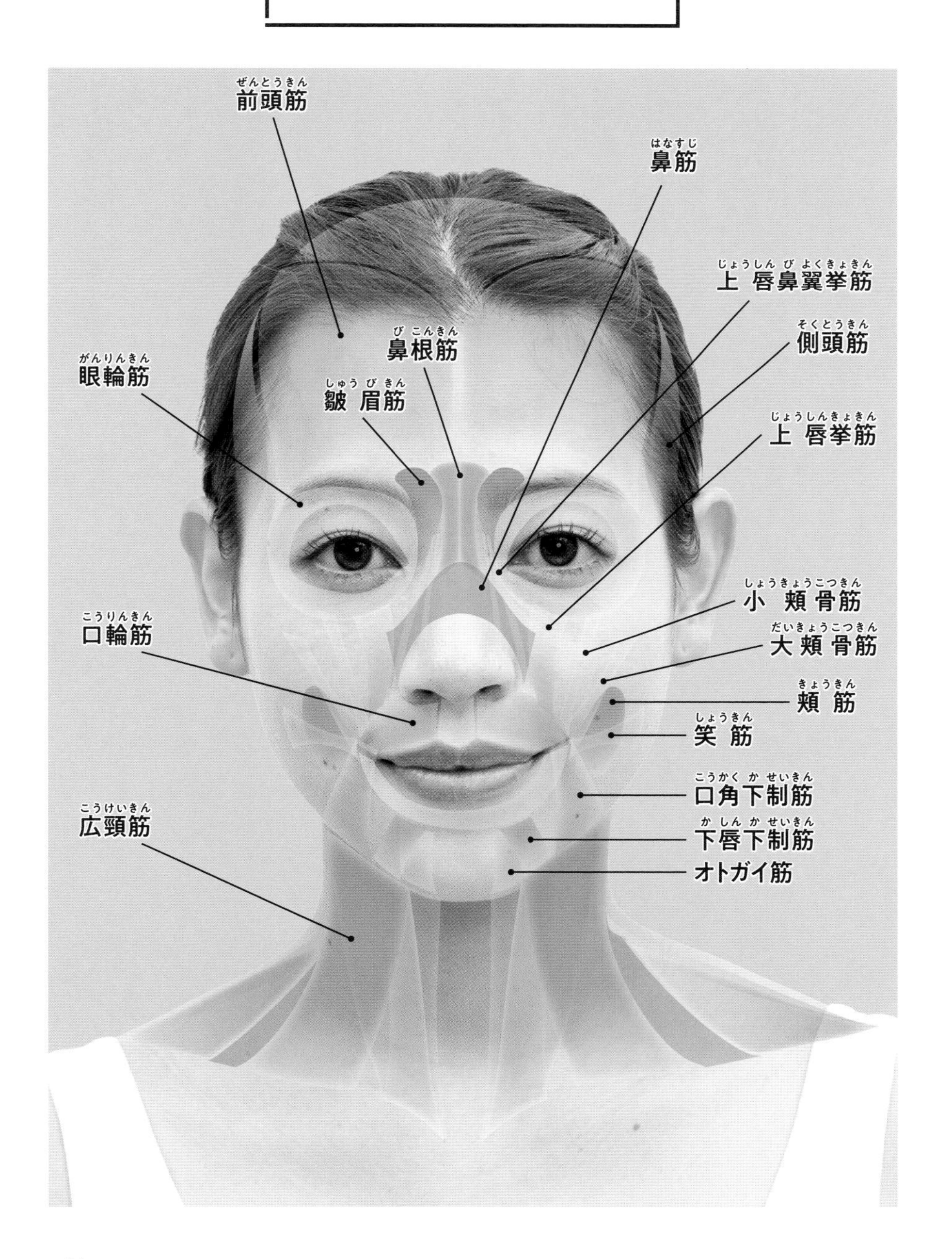
前頭筋
鼻筋
上唇鼻翼挙筋
側頭筋
鼻根筋
眼輪筋
皺眉筋
上唇挙筋
小頬骨筋
大頬骨筋
口輪筋
頬筋
笑筋
口角下制筋
広頸筋
下唇下制筋
オトガイ筋

②が気になった人は

首まわりケア強化タイプ

小顔になるためには、首のケアは欠かせません。とくに、首がガチガチにこっている人、ストレートネックなど姿勢が悪い人は首まわりの筋肉をほぐすのが必須です。鎖骨が出ていない人は首の筋肉が固く縮まっていることが多いです。広頸筋をケアすることでフェイスラインは上がり、目の高さも顔の大きさもあっという間に変わります。
脂肪はつきやすいところについてしまうもの。姿勢が崩れているとあご下に脂肪がつきやすく、二重あごの原因に。これも首を正しい位置に持っていくことで解消されます。
美人筋とも言われる胸鎖乳突筋をしっかりほぐして、ラインを作ることで美しい横顔を手に入れられますよ。

顔・首まわりの筋肉のつながり

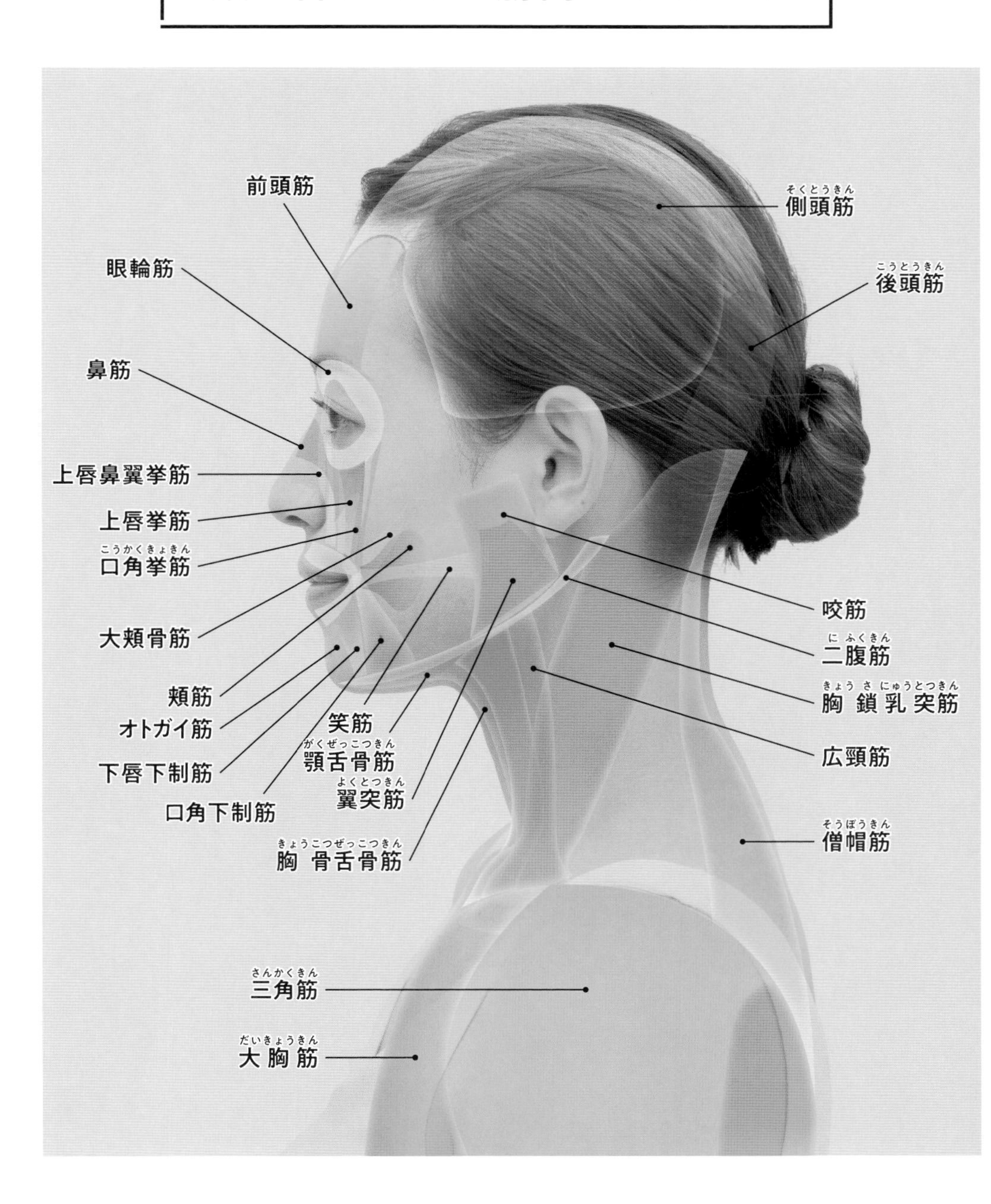

3

が気になった人は

頭皮ケア強化タイプ

頭皮がガチガチにこり固まっている人、すごく多いです。頭皮のコリはダイレクトに顔全体のたるみに影響し、老け見えの原因になります。
頭部側面にある側頭筋がこっていると、顔の横幅が大きくなると言われています。側頭筋は耳上から下あごまでつながっているので、ほぐすことで顔の横幅が小さくなり、顔全体が一気に引き上がります。
おでこから後頭部までつながっている前頭筋をほぐせば、目元のたるみ、眼精疲労がとれるだけでなく、偏頭痛や緊張性頭痛にも効果的です。血流がアップして、肌代謝も上がるので肌のくすみがとれ、トーンアップも期待できます。

頭部の筋肉

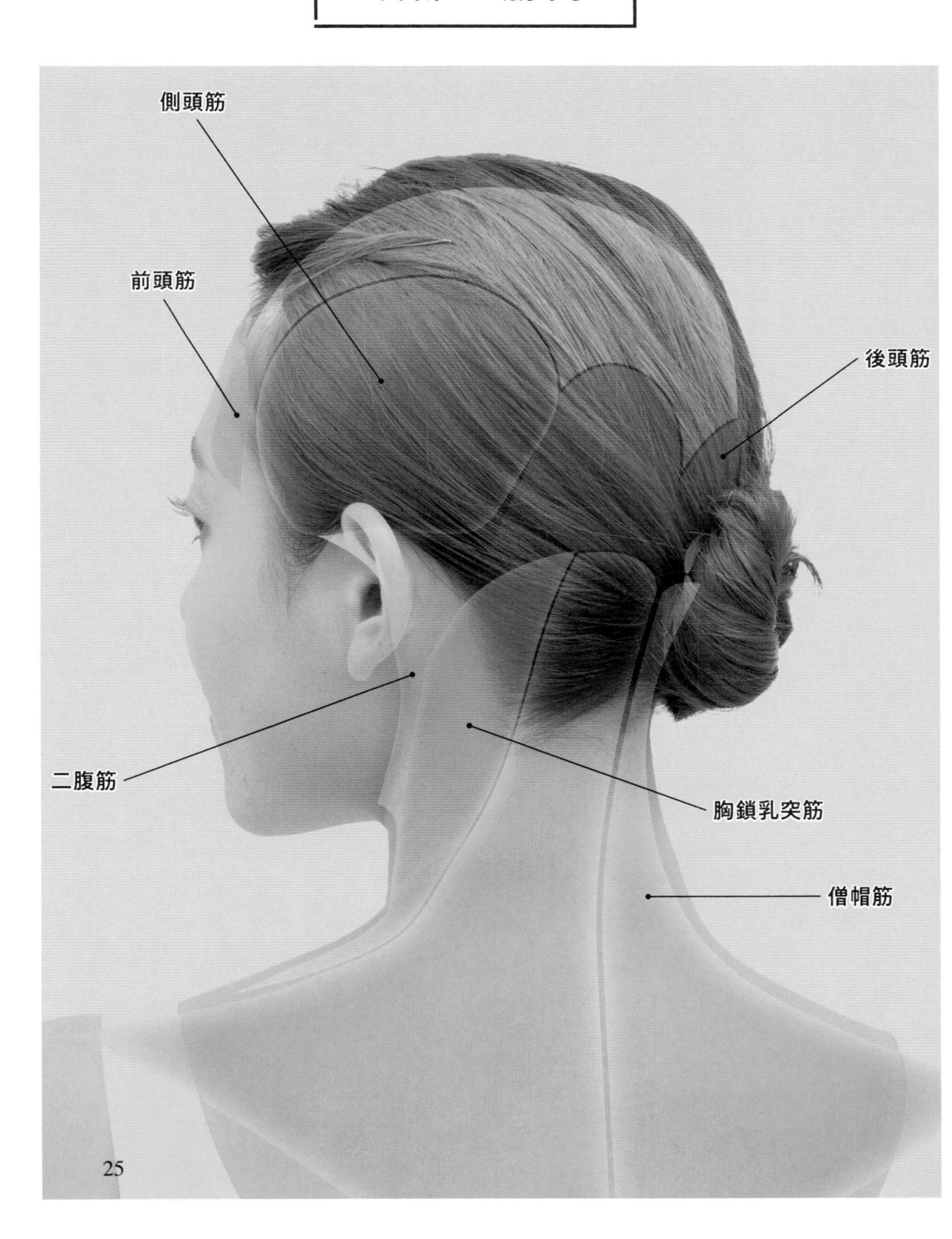

側頭筋
前頭筋
後頭筋
二腹筋
胸鎖乳突筋
僧帽筋

マッサージで変化を実感

るみ、目を大きくなど気になる部分の 30 秒ケアだけでもきちんと変化が見た目に表れますよ。

Nさん

フェイスラインや目まわりのたるみが気になる。顔がこんなにこっていることをマッサージするまでは気づかなかった。

顔の横幅が短くなったのにはビックリ！眼精疲労がとれ、目がパッチリ開き、視界が明るくなった。

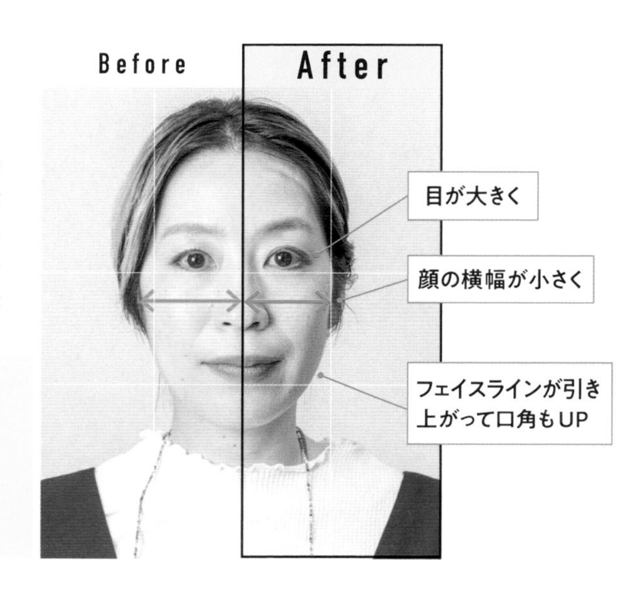

Aさん

顔全体のたるみとほうれい線、頬骨まわりの盛り上がりを解消してキレイな顔の凹凸を作っていきたい。

目、小鼻、口角まわりのぼんやりしていた箇所のたるみが消え、それぞれの輪郭がはっきりしたのが嬉しい。

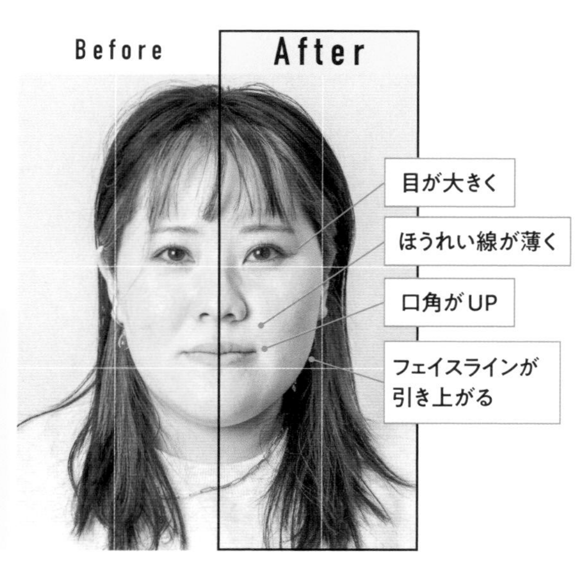

pick up! > たった5分のセルフ

本書のケアを実践して効果が出た人たちを紹介。左上は、私の写真です。ほうれい線やた

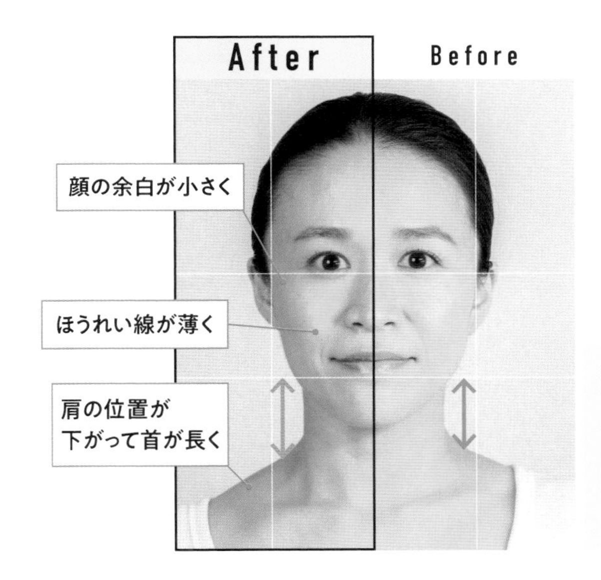

三澤順子(本人)

ほうれい線が目立つ、フェイスライン全体がもたついているのが気になった。首の長さもコンプレックス。

日常的にケアしている私でも、マッサージの効果を実感。首ケアは即効性があるのでおすすめ。

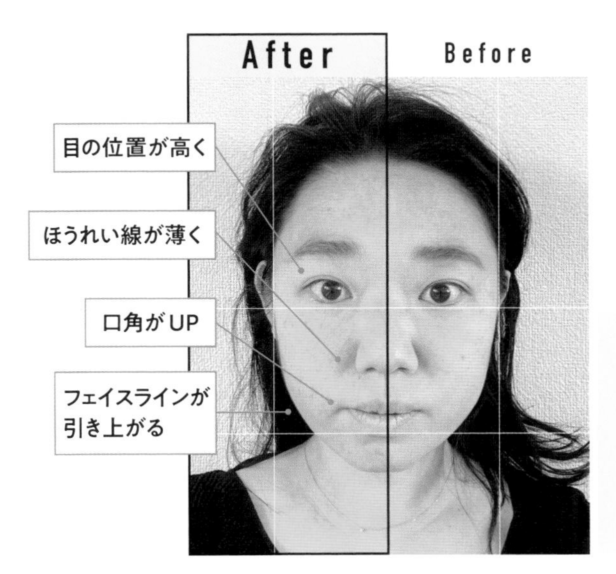

Kさん

顔全体の余白が年々大きくなっている気がする。ほうれい線・マリオット線・ゴルゴ線も消したい。

ほうれい線が薄く、頬の余白が小さく、顔全体が軽くなった。効果がすぐ出るので朝の外出前に必ず5分実践します。

キレイになりたいなら、ダイエットではなく、まず、セルフ小顔から始めた方がいい

美容やダイエット、美しくなりたくても、すぐに結果がついてこないと続けられないものですよね。

痩せて自分に自信を持ちたいと思っていても、見た目に変化があらわれるほど痩せるまでには時間がかかります。

その点、小顔のセルフケアは即効性があり、ミリ単位の変化を自分自身で気づけます。

小さな努力で大きな成果を得られやすいのが最大のメリットです。少しでも変化があるとモチベーションが上がり、習慣化しやすいですよね。

結果がきちんとついてくることがわかれば、「次はこれに挑戦してみよう」と、ボディや他の部位の努力へ移行しやすいもの。

「変わりたい」と思っている人はセルフ小顔から始めましょう。

フェイシャルケアからスタートダッシュを決めましょう！

エステ・整骨院・鍼灸の効果を最大にするセルフケア

私自身、10代のころから首こり、肩こりがひどくて、高校生のときのアルバイトのお金は全てマッサージに使っていました。

施術後は楽になっても、またすぐにガチガチに固まってしまい……、を繰り返しの毎日にうんざりしていました。

そんな日々が嘘みたいに今では首も肩も柔らかく、軽くなりました。

当時の私のような症状を持っている人は多いと思います。

接骨院や整骨院、リラクゼーション系のマッサージ、鍼灸やエステに通うことが、自分を労り、リラックスできる大切な時間だという人も多いでしょう。

ただ、せっかくお金をかけて通うからには、その効果を最大のものにしてほしいなと考えています。

エステに行くにしても、マッサージに行くにしてもセルフケアはとても大切です。

私のサロンではセルフケアをしてきていないお客様に対して、「うちのお店以外に行ったらどうですか。うちのお店、安くないですし、もったいないですよ」と言ってしまうくらい、セルフケアを大切にしています。

店舗に来る前に自分でできる範囲をしっかりほぐしてきてくれた人とそうではない人とでは施術の効果が全然変わってきます。

ほぐしてきてくれない人には、お店でほぐしから始めなければならない。
そうすると60分や120分という決められた時間の中でたどり着けるゴール地点が変わってきます。
大切なお金と時間を最大限有益なものにするためには、日々のセルフケアで無理なくコツコツほぐしていくことこそ大切です。

同じように、美容医療をする前にもセルフケアをしてもらいたいと思っています。
美容医療を否定するわけではありません。
ボトックスなどの美容医療は即効性がありますよね。

そもそもボトックスは医療行為として外科の手術のときなどに筋肉の働きを止めるために作られたものです。それを美容医療として筋肉の働きを止めてしわができにくくしたり、過度に働いているエラとりなどに使われています。

繰り返しになりますが、顔の筋肉はつながっているのです。
一つの筋肉を止めると繋がっている筋肉の働きも悪くなってしまいます。
ボトックスを額に打ったら目が開きにくくなったという事例は、周辺の筋肉の働きも鈍くなってしまったから起きた可能性があります。

どうせお金がかかる美容医療をするなら、まずはセルフマッサージを続けてみて、自分でできるところまでお顔を引き上げてみるのをおすすめします。

しっかり引き上がった状態になってから美容医療を受けたら、もっともっとキレイになりますよ！

変われました！　モデル・俳優　高山 都さん

美しい人たちばかりですが、施術とセルフケアで大変身されています。

美しい=痩せていると思っていました。
食べることが好きな私は、モデルを始めて 20 年以上経ちますが、ずーっと「痩せたい」は課題でした。しかも、私には長い手足もない、モデルというには全部が足りなくて、ずっと自信がなかったんです。
結婚式を 3 カ月後に控えた夏に、友人の紹介で私は順子先生のサロンに通うようになりました。そこで、姿勢の大切さを知るのです。
正しい姿勢は美しく、美しいには姿勢が大きく影響していました。自分が思っているよりもっと、正しい姿勢は難しかったし、痛かったけれど、先生のハッキリと分かりやすいメソッドを学び実践し信じることで、自分の身体がみるみる変わっていきました。小さなことをコツコツと集中的にやると、本当に身体は変わるんです。
気にしていた巻き肩はだいぶ改善し、1 年中の悩みだったひどい肩こりや頭痛は、頻度がぐんと減り、悪化する前に自分でケアができるようになりました。
先生のサロンに通い出して、会う人会う人に「痩せた?」とか「キレイになった」とか言われることが増えたんです。それが私の自信になりました。
実のところ、体重は殆ど変わっていないんです。体型は簡単には変えられないけど、姿勢が変わるだけで、シュッとスッキリした印象になるんですね。一度、キレイな姿勢を知ると、いつだって美しくいたいなーと欲がでます。少しだけ努力して得た姿勢は、手放さないようにしっかりと保っていこうと思いました。
だから、毎日は難しくても、気づいた時や気をつけたい時に先生から教わったセルフケアをせっせと行っています。やったら、やった分だけ次の日の顔やデコルテ、全身に結果がでます。その結果は、私を元気に前向きに過ごさせてくれます。
人の第一印象は姿勢だと思うのです。正しい姿勢と元気な挨拶で、明るく健康的に美しい印象を相手に与えられると思います。ぜひ、たくさんの方に、この順子先生の姿勢の魔法を知ってもらいたいです。

高山 都

1982 年生まれ。モデル、女優、ラジオパーソナリティ、商品のディレクションなど幅広く活動。丁寧な生き方を発信する Instagram も人気。趣味は料理、ランニング、器集め、旅行。

pick up! ＞ 私もセルフケアで

ありがたいことにサロンには多くのモデル・タレントさんたちに通っていただいています。元々

都さんのブライダルケアがきっかけで施術をスタートしましたが、その後も定期的に通っていただいています。都さんの悩みであった、頭痛、肩こり、首こりがなぜ起こるのかを説明し、セルフケア方法を紹介しました。
日々自宅でケアをしてくれているので、毎回来店時にはしっかり筋肉がほぐれていて、サロンではさらに攻めた施術ができるのがありがたいです。

施術中とセルフケアの様子

施術ではプロにしかできないアプローチをしてもらいたいので、先生に習ったセルフケアを自宅でも取り入れています。ケア後は身体も心もとてもスッキリ、呼吸も楽になります。

順子先生のパーソナルトレーニングで悶絶中。でも施術後はめちゃくちゃスッキリします！

モデルのお仕事もしているし、首・肩こりもあるので、首ケアは入念に。セルフケアを教えてもらって自宅でも実践中。

順子先生おすすめのエクサガンを購入し、愛用中。首、肩、デコルテのほぐしケアに欠かせません。

を最大にする4ルール

めに必要なことを紹介。実践する前に各ページの QR コード動画で流れを確認してみましょう。

1 小さな範囲を細かく

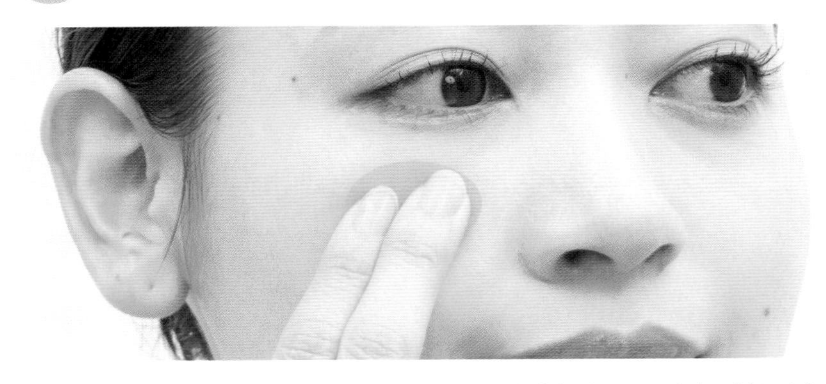

欲は禁物です。肌へ負担をかけないように余計な摩擦を避けて、皮膚に触れる部分は極力小さい範囲にしましょう。

2 皮膚の奥の筋膜を動かすイメージで

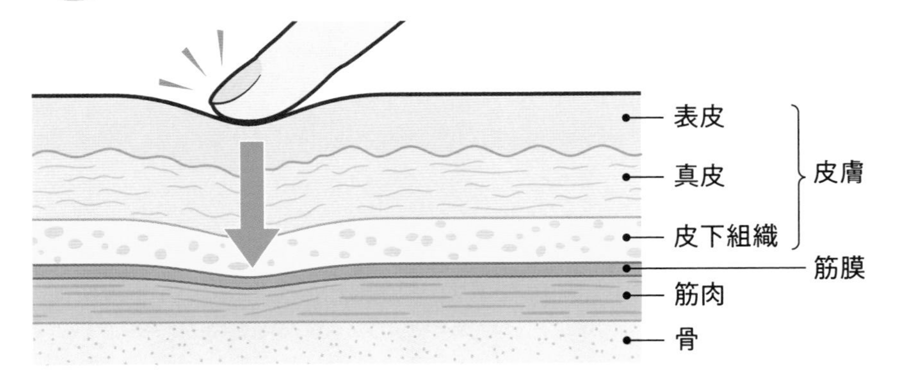

皮膚をマッサージするのではなく、筋肉、筋膜、骨に癒着した老廃物を動かすように奥まで届けるイメージをしながら指を動かそう。

42ページから始まるマッサージを実践する前に気をつけてほしいこと、効果を最大にするた

目安の力加減

各マッサージごとに力加減を星で示しています。それぞれの圧の強さを測りで数値化しました。プッシュする際の目安にしてください。

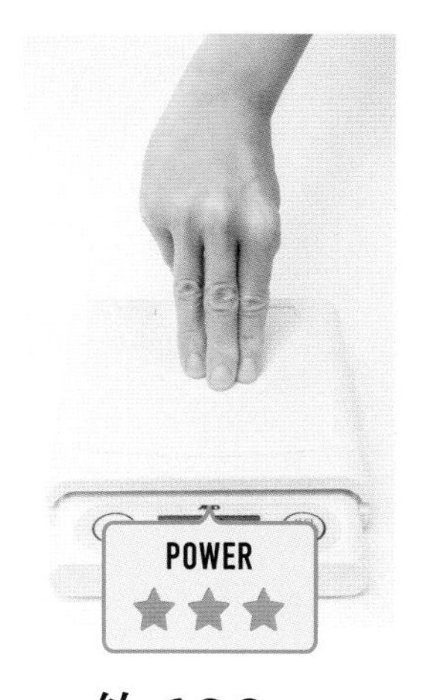

約600～800g程度の力

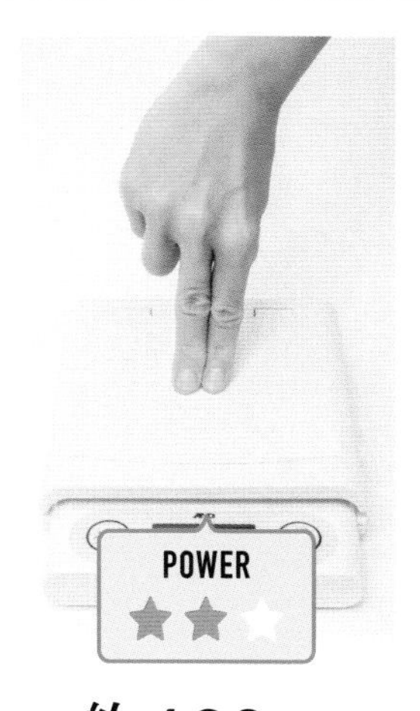

約400～500g程度の力

約200～300g程度の力

QR動画をCHECK!

著者が全てのマッサージを動画で実践しています。指や手の向きや動かし方、マッサージの流れなどを実践前に確認して参考にしてみましょう。

1

顔の余白がなくなる

セルフ小顔

顔はたくさんの筋肉が集まっているので、こりやすい場所。
縮んでこり固まった筋肉、
伸びたまま固まった筋肉をケアすることで、
顔のサイズがあっという間に変わります。
不思議と頭や顔全体が軽くなりますよ。

表情筋の位置を意識しながら、あなたの顔のコリポイントを探してみましょう

実際に顔の筋肉を指で押してみると、じんわりと痛みを感じる箇所があると思います。それがあなたの表情筋がこっていたり、老廃物が癒着している箇所です。
顔には左の写真のようにたくさんの筋肉があり、頭や首の筋肉ともつながっています。
たとえば、口角下制筋がこり固まって縮むと、その上に位置する笑筋も下がってしまうのでその結果、口角が下がる原因になります。
目を開け閉めする働きもある前頭筋が下がってこり固まってしまうと、眼輪筋が働きにくくなるので、目のまわりがたるんだり、目が小さくなったりする原因になります。
鼻筋から小鼻まわり、頬骨まわりは小さな筋肉がたくさんあって、それぞれがつながっているので、多くの人がこっている箇所です。しっかりほぐすことで、加齢のためにたるんでぼんやりしがちだったのが、それぞれの凹凸がしっかり出て、顔の印象がハッキリするようになりますよ。

表情筋

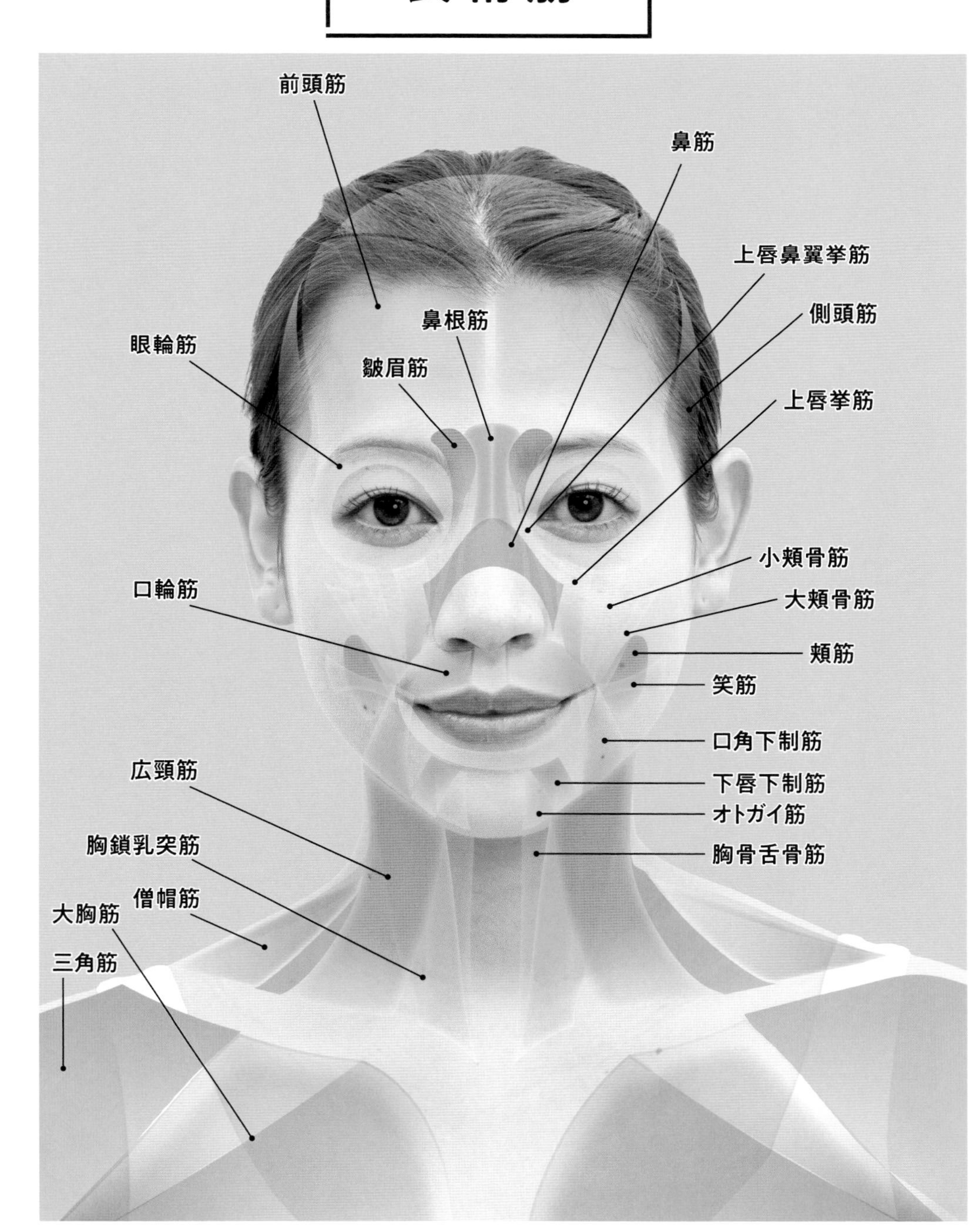
前頭筋
鼻筋
上唇鼻翼挙筋
側頭筋
鼻根筋
眼輪筋
皺眉筋
上唇挙筋
小頬骨筋
口輪筋
大頬骨筋
頬筋
笑筋
口角下制筋
広頸筋
下唇下制筋
オトガイ筋
胸鎖乳突筋
胸骨舌骨筋
僧帽筋
大胸筋
三角筋

フェイスライン削り

たるみでぼやけてしまったフェイスラインは
骨に癒着した老廃物が原因。老廃物を指で削って、
理想のフェイスラインを手に入れましょう。

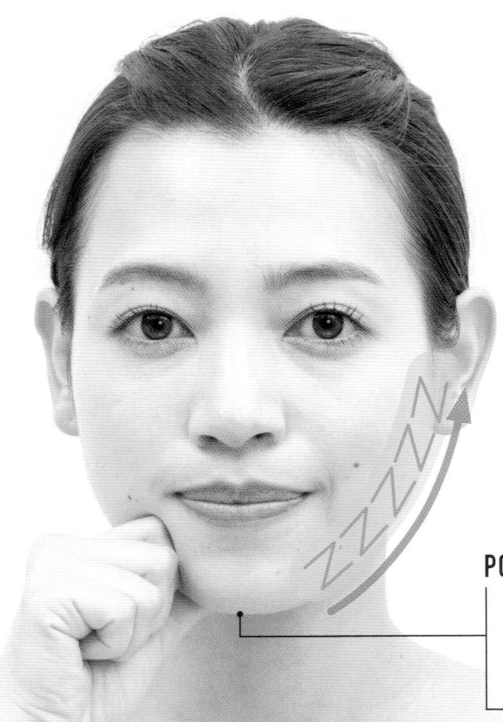

POINT
あごの先端部分には触らないのが、シャープなフェイスラインを作るためのポイント

1 フェイスラインの骨を指ではさむ

親指と人差し指を使ってフェイスラインの骨を掴む。フェイスラインを５カ所に分けてゴリゴリとほぐす。フェイスラインの骨に癒着した老廃物を削り落とすイメージでジグザグとイタ気持ちいい強さで削っていきます。

Advice

骨を掴んでゴツゴツしている部分をゆっくり削っていきましょう。
痛みを強く感じる人は無理せず、力加減を調整してください。

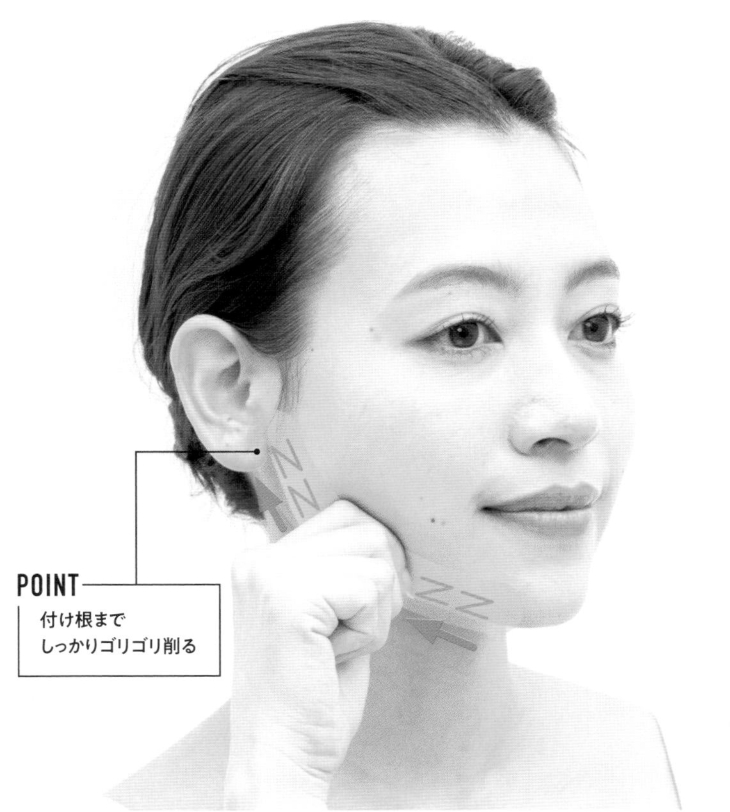

POINT
付け根まで
しっかりゴリゴリ削る

2 耳下まで老廃物を削る

骨を感じながらゴリゴリと老廃物を削るイメージ。欲張らずに少しずつ耳下までほぐす。片側を3回繰り返す。3回繰り返したら、もう片方のフェイスラインも削る。

顔こりほぐし

顔はたくさんの筋肉が集まっていて、意外と
こりやすい場所。筋肉が硬くなっているだけで色々
残念なことが起こります。細かく丁寧にほぐしていきましょう。

手の形

POWER
★★☆

POINT
皮膚を引っ張るとたるみの原因になるので、欲張らずに小さな円を描きましょう。

1 顔全体をほぐす

人差し指と中指を使います。2本の指でクルクルと円を描くようあご下からおでこまで顔全体をほぐしていきます。皮膚の奥の筋肉を感じながらほぐしていきましょう。

動画で
CHECK

— Advice —

顔のコリがとれると、顔全体が軽く感じられ、お肌もワントーンアップしますよ。

2 筋肉を上に持ち上げるようにほぐす

ポイントは少し上に引き上げるようにして、円を描くことです。
目の下は皮膚が薄いので優しくほぐしましょう。

ほうれい線ケア

鼻に沿って鼻筋、上唇鼻翼挙筋、上唇挙筋、小頬骨筋、
大頬骨筋という5つの筋肉があり、ここがこり固まって
いると、皮膚が垂れ下がり、ほうれい線の原因に。

POWER ★★★

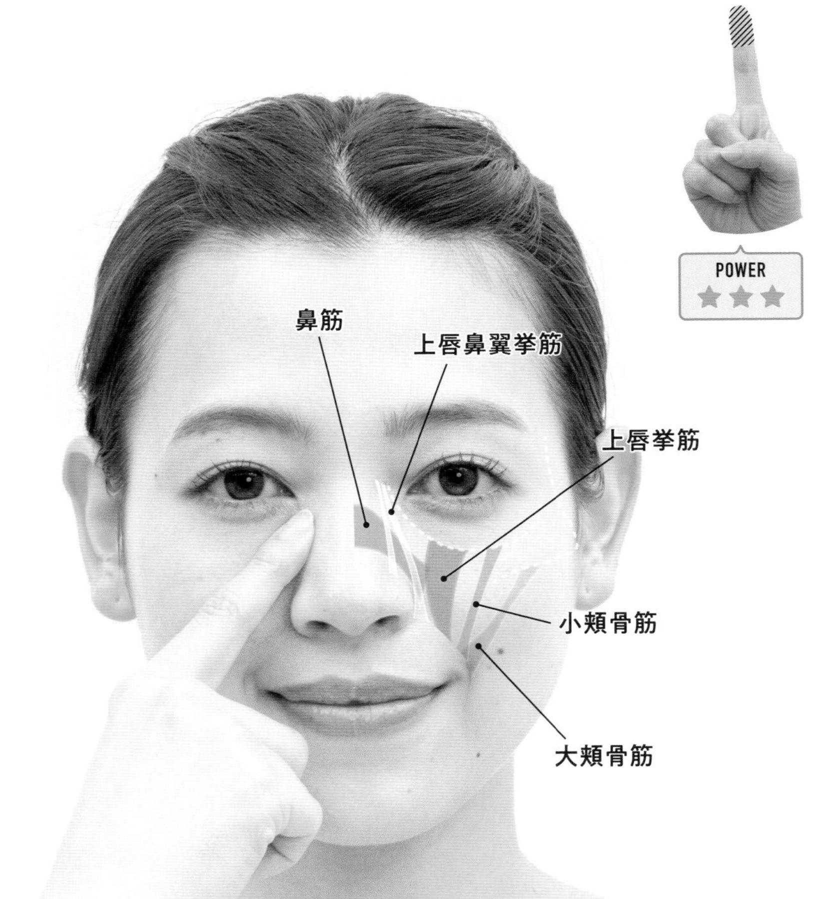

1 鼻横の筋肉をほぐす

人差し指を使います。鼻筋の骨横から小鼻横までの筋肉をほぐしていきます。肌を擦らないように筋肉の奥の方に触れるようにプッシュ。プッシュしたら筋肉を骨から剥がすように下から横にスライドしていきます。3回繰り返します。

動画で
CHECK

左右
3回ずつ

2 反対側も同じようにほぐす

鼻筋から小鼻まではたくさんの筋肉が集まっているので、コリやすい部分。筋肉が硬くなると段差ができてほうれい線が目立つ原因になります。しっかりほぐしてほうれい線をなくしていきましょう。

目もとパッチリ

ここに効く

目のまわりのむくみやたるみがスッキリし、
目がパッチリ開くようになるので、目が大きく見えます。
眼精疲労や偏頭痛、クマにも効果的。

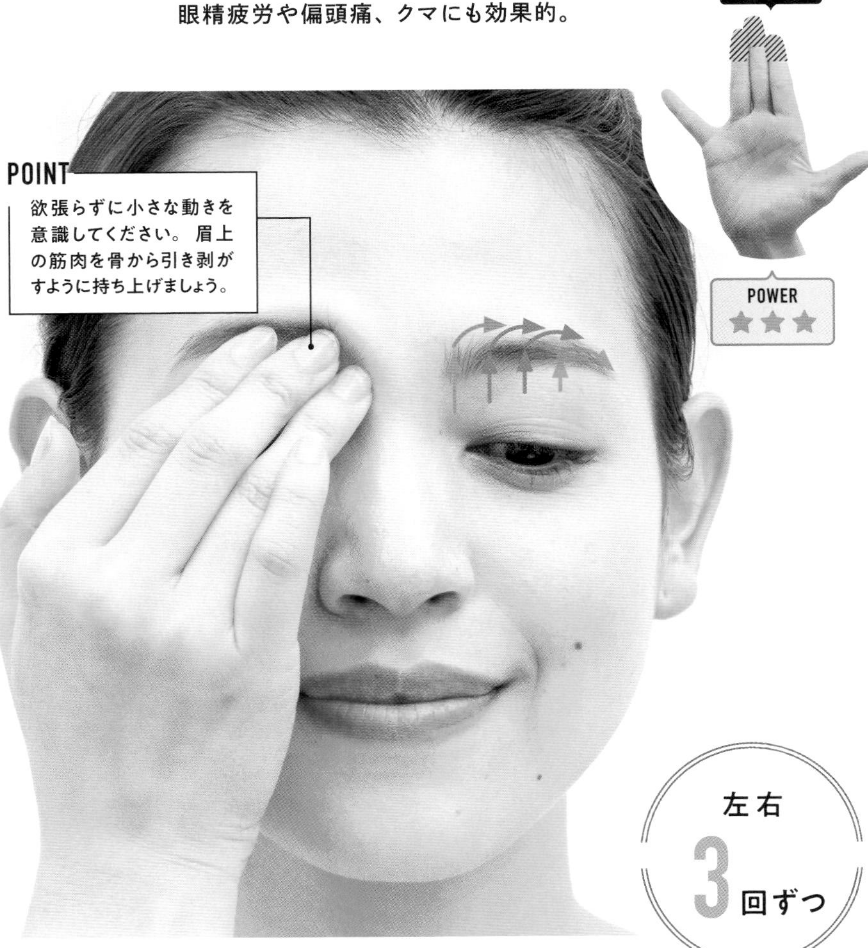
手の形
POINT
欲張らずに小さな動きを意識してください。眉上の筋肉を骨から引き剥がすように持ち上げましょう。
POWER
左右
3
回ずつ

1 まぶたを引き上げ、 眉毛に沿って流す

人差し指、中指、薬指を使います。眉毛の下にある筋肉を骨から剥がすように上に引き上げる。眉上の筋肉を感じたら、圧をかけながら眉毛に沿って横にスライドします。眉毛に沿って4～5カ所に分けて同じ動きをしましょう。3回繰り返します。

動画で
CHECK

Advice

目のまわりには眼輪筋があります。ここのコリがほぐれると視界が明るく感じられますよ。

2 目の下を優しくほぐす

人差し指と中指を使います。２本の指で目の下を優しくクリクリとほぐしていきます。目の下は皮膚が薄いので優しくほぐしていきましょう。同じ動きを３回繰り返します。

ふわふわほっぺ

ここに効く

年齢を重ねると、顔が痩せることで老け顔になりがち。
そうならないためにもコリをほぐし、ゴツゴツした
ほっぺから血色のいい柔らかい頬を作りましょう。

POWER ★★★

1 頬骨まわりの筋肉をほぐす

人差し指を使います。鼻筋の横の骨からスタートして、頬骨に沿ってイタ気持ちいいくらいの強さで筋肉をプッシュ。頬骨の中心に向かってスライド。頬骨の上にある筋肉にアプローチして、骨から筋肉を剥がすイメージでほぐしましょう。3回繰り返します。

動画で
CHECK

左右
3回ずつ

2 筋肉を上に持ち上げる

頬の筋肉はガチガチの人が多いですが、本当はふわふわなのです。最初は固いので筋肉を揺らしながら取り組んでみてください。続けることでむくみもなくなっていきます。

・パツパツほっぺが気になる人は・

ほほ骨ほぐし

歳を重ねてもハリがあって、弾力のある頬でいることは可能です。こり固まった頬をほぐして、赤ちゃんみたいな血色のいいふわふわほっぺを作りましょう。

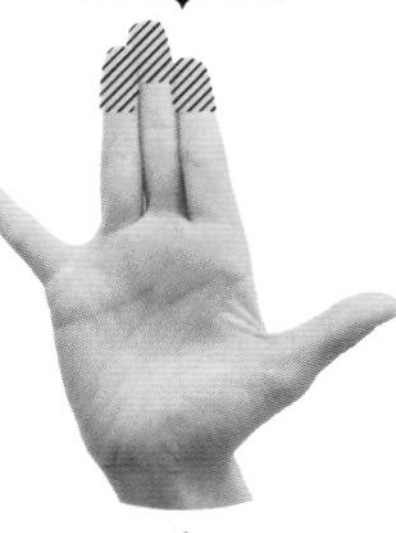

POWER ★★★

左右 3 回ずつ

1 頬を3本指で円を描きながらほぐす

人差し指、中指、薬指を使います。イタ気持ちいいくらいの力で頬骨の筋肉を小さな円を描いてほぐしていきます。少し上に引き上げるようにして、円を描くのがポイントです。

動画で
CHECK

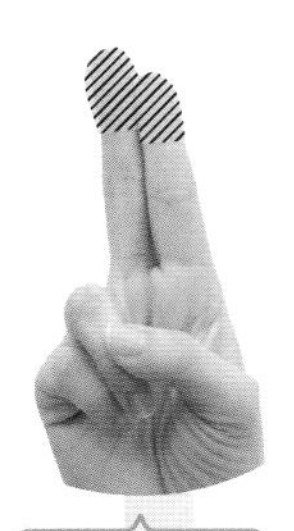

POWER
★★☆

2 頬を2本指でZ字にほぐす

全体をほぐしたら次は人差し指と中指を使います。２本の指でＺ（ゼット）を描くようにジグザグとほぐしてみましょう。

・エラはりが気になる人は・

咬筋ほぐし

フェイスラインのエラが気になる人は、咬筋が過度に
使われて発達しすぎているのが原因の一つ。
筋肉の収縮をほぐしてあげることで、エラが小さく、
目立たなくなります。

手の形

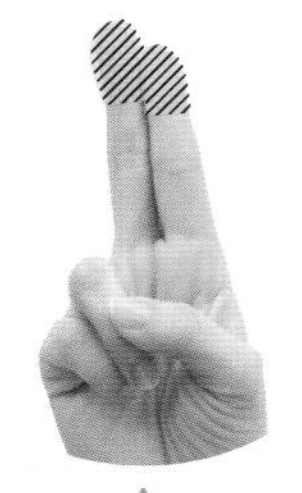

POWER ★★☆

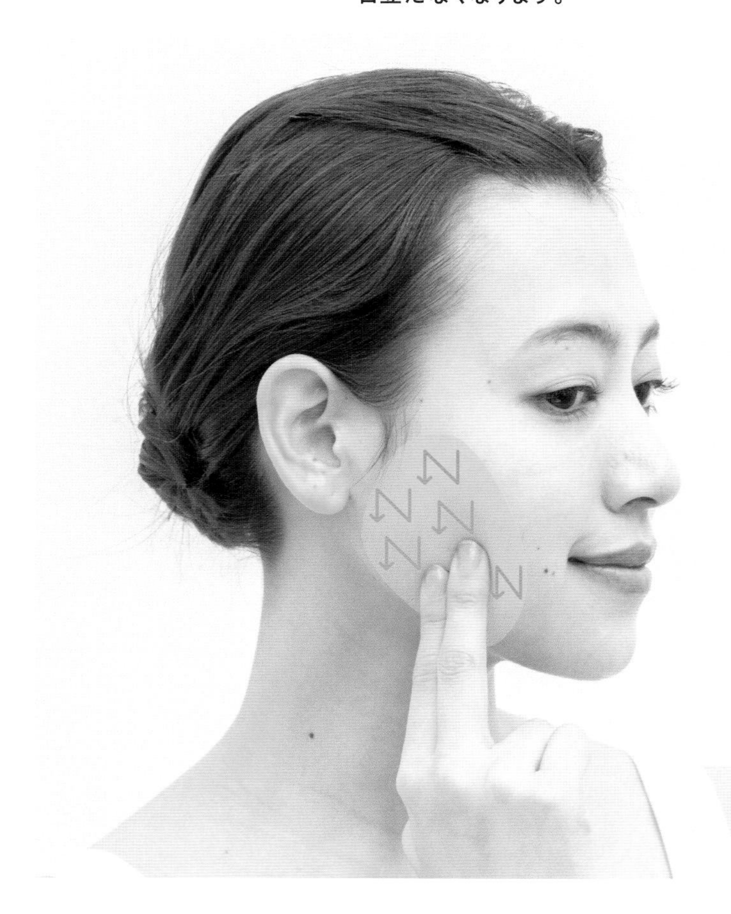

1 咬筋を縦にジグザグほぐす

人差し指と中指を使います。咬筋全体をイタ気持ちいい強さで縦にジグザグとほぐしていきます。

動画で
CHECK

顔全体
3回ずつ

2 咬筋を横にジグザグほぐす

1と同じく人差し指と中指の２本を使います。今度は先ほど縦にジグザグとほぐした咬筋を横にジグザグとほぐしていきましょう。

フェイスラインたるみとり

フェイスライン上は複数の筋肉がつながっているので、
どこかの筋肉がたるむと影響をうけやすい場所。
下から上へしっかりほぐしていきましょう。

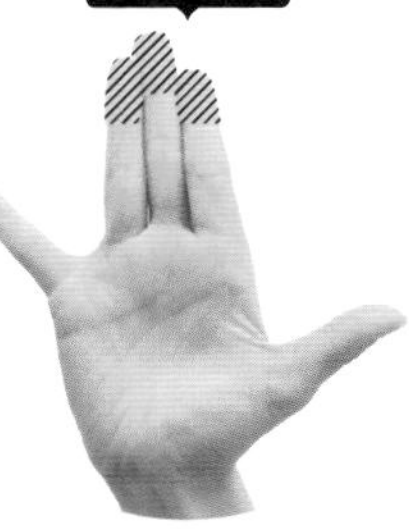

POWER ★★★

左右 3 回ずつ

1 3本指で円を描きながらほぐす

人差し指、中指、薬指を使います。3本の指でフェイスライン上の筋肉をあごから耳まで、イタ気持ちいいくらいの力で筋肉を円を描いてほぐしていきます。同じ動きを3回繰り返します。

動画で
CHECK

左右
3回ずつ

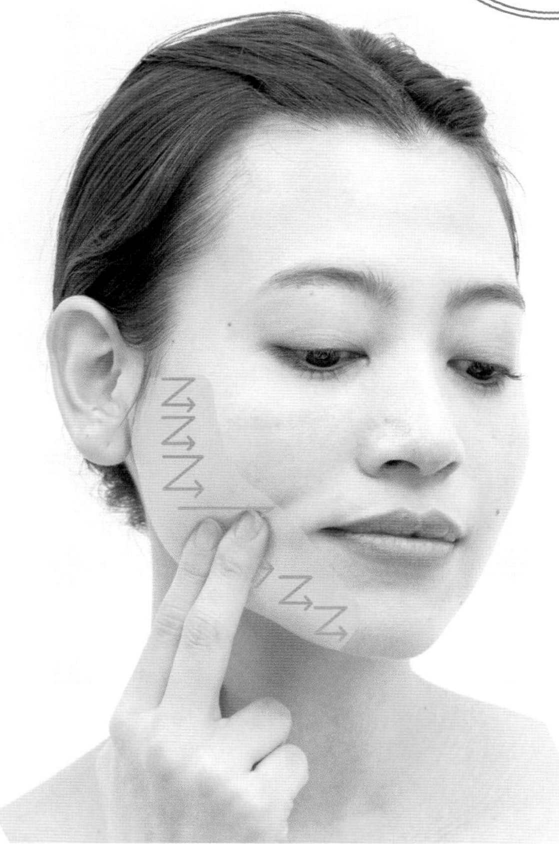

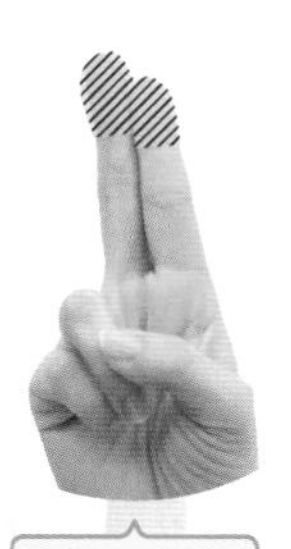

POWER
★★☆

2 2本指でジグザグとほぐす

次は人差し指と中指の2本を使います。筋肉の繊維をたつように横に2本の指でZ（ゼット）を書くようにジグザグとほぐしてみましょう。同じ動きを3回繰り返します。

ここに効く

眉間ほぐし

眉間のしわは見た目年齢を上げる要因の一つ。眉間、
眉毛の周辺にある鼻根筋と皺眉筋がこっていると、
深いしわが刻まれてしまいます。

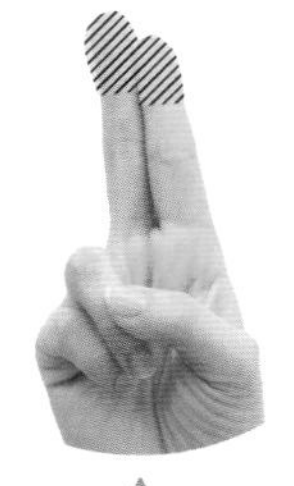

POWER
★★☆

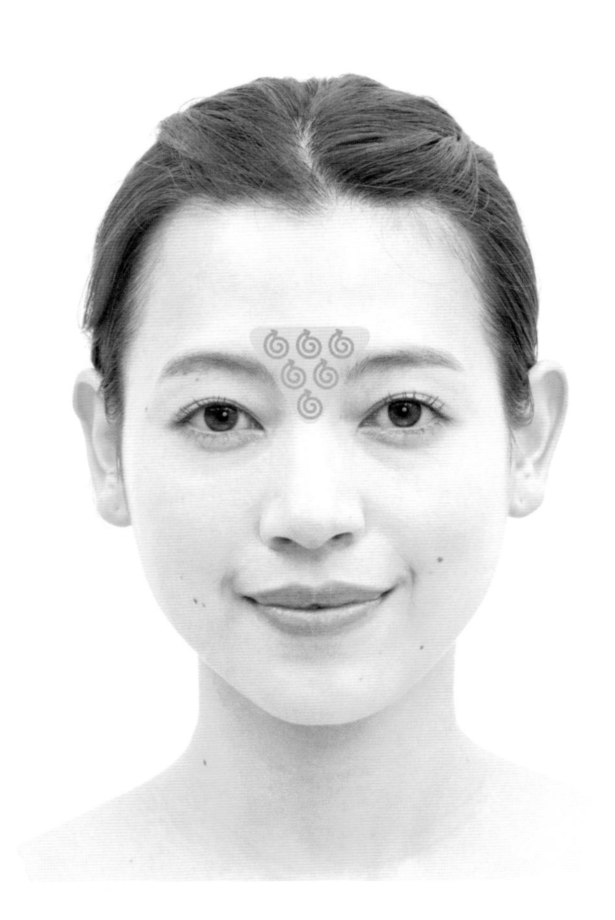

1　2本指で眉間をほぐす

人差し指と中指を使います。２本の指でクルクルと円を描くように眉間全体をほぐしていきます。イタ気持ちいいくらいの力で皮膚の奥の筋肉を感じながらほぐしていきましょう。

郵 便 は が き

料金受取人払郵便

新宿北局承認

9181

差出有効期間
2026年 1 月
31日まで
切手を貼らずに
お出しください。

169-8790

174

東京都新宿区
北新宿2-21-1
新宿フロントタワー29F

サンマーク出版愛読者係行

ご 住 所	〒 都道府県	
フリガナ		☎ ( )
お 名 前		
電子メールアドレス		

ご記入されたご住所、お名前、メールアドレスなどは企画の参考、企画用アンケートの依頼、および商品情報の案内の目的にのみ使用するもので、他の目的では使用いたしません。
尚、下記をご希望の方には無料で郵送いたしますので、□欄に✓印を記入し投函して下さい。
□サンマーク出版発行図書目録

1 お買い求めいただいた本の名。

2 本書をお読みになった感想。

3 お買い求めになった書店名。

市・区・郡　　　　　町・村　　　　　書店

4 本書をお買い求めになった動機は?

・書店で見て　　・人にすすめられて
・新聞広告を見て(朝日・読売・毎日・日経・その他＝　　　)
・雑誌広告を見て(掲載誌＝　　　)
・その他(　　　)

ご購読ありがとうございます。今後の出版物の参考とさせていただきますので、上記のアンケートにお答えください。**抽選で毎月10名の方に図書カード(1000円分)をお送りします。** なお、ご記入いただいた個人情報以外のデータは編集資料の他、広告に使用させていただく場合がございます。

5 下記、ご記入お願いします。

ご職業	1 会社員(業種　　) 2 自営業(業種　　) 3 公務員(職種　　) 4 学生(中・高・高専・大・専門・院) 5 主婦　　6 その他(　　)		
性別	男・女	年齢	歳

一生頭がよくなり続ける すごい脳の使い方

加藤俊徳 著

学び直したい大人必読！大人には大人にあった勉強法がある。脳科学に基づく大人の脳の使い方を紹介。一生頭がよくなり続けるすごい脳が手に入ります！

定価＝1540円（10%税込） 978-4-7631-3984-9

やさしさを忘れぬうちに

川口俊和 著

過去に戻れる不思議な喫茶店フニクリフニクラで起こった心温まる四つの奇跡。
ハリウッド映像化！世界320万部ベストセラーの『コーヒーが冷めないうちに』シリーズ第5巻。

定価＝1540円（10%税込） 978-4-7631-4039-5

ほどよく忘れて生きていく

藤井英子 著

91歳の現役心療内科医の「言葉のやさしさに癒された」と大評判！
いやなこと、執着、こだわり、誰かへの期待、後悔、過去の栄光…。「忘れる」ことは、「若返る」こと。
心と体をスッと軽くする人生１００年時代のさっぱり生き方作法。

定価＝1540円（10%税込） 978-4-7631-4035-7

電子版はサンマーク出版直営

1年で億り人になる

戸塚真由子 著

今一番売れてる「資産作り」の本！
『億り人』とは、投資活動によって、1億円超えの資産を築いた人のこと。
お金の悩みは今年で完全卒業です。
大好評10万部突破！！

定価＝1650円（10%税込） 978-4-7631-4006-7

ぺんたと小春（こはる）の めんどいまちがいさがし

ペンギン飛行機製作所 製作

やってもやっても終わらない！
最強のヒマつぶしBOOK。
集中力、観察力が身につく、ムズたのしいまちがいさがしにチャレンジ！

定価＝1210円（10%税込） 978-4-7631-3859-0

ゆすってごらん りんごの木

ニコ・シュテルンバウム 著　中村智子 訳

本をふって、まわして、こすって、息ふきかけて…。子どもといっしょに楽しめる「参加型絵本」の決定版！ドイツの超ロング＆ベストセラー絵本、日本上陸！

定価＝1210円（10%税込） 978-4-7631-3900-9

動画で
CHECK

顔全体 1回ずつ

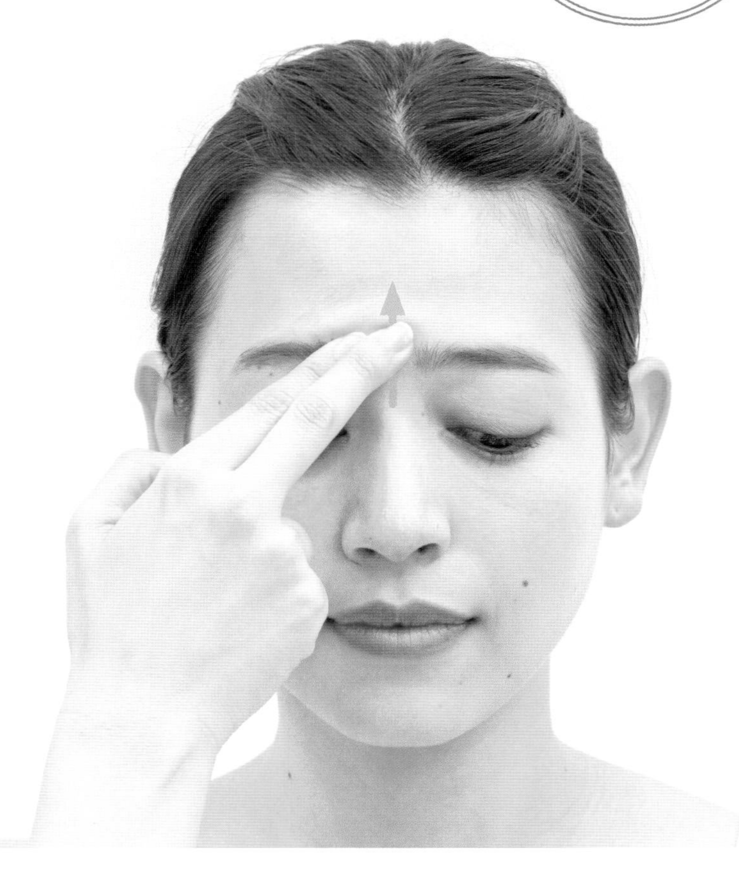

2 筋肉を持ち上げるようにして円を描く

ポイントは少し上に引き上げるようにして、円を描きます。

・頭痛がツライ人は・

こめかみほぐし

ここに効く

こめかみにある側頭筋は大きな筋肉で、その働きは下あごまで影響をうけます。ほぐすことで、目まわりのむくみ、たるみ、くま、眼精疲労に効果があります。

手の形

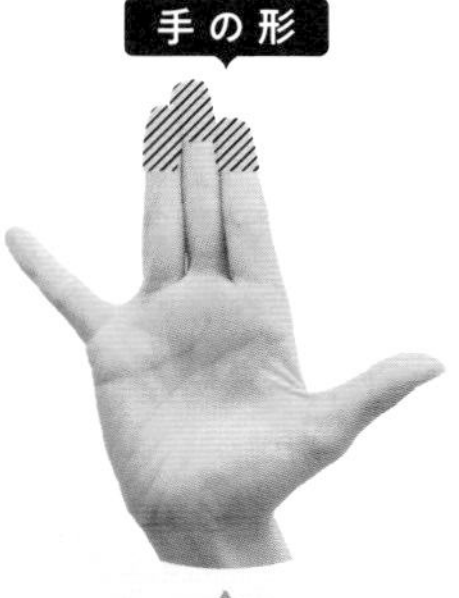

1 3本指でこめかみをほぐす

人差し指、中指、薬指を使います。3本の指でこめかみをぐるぐると大きく円を描いてほぐします。

動画で
CHECK

Advice

このマッサージは外出先でも時間がないときでもできる手軽さが魅力です。

2 こめかみをプッシュして離す

しっかりほぐしたらこめかみを3本の指でぎゅっとプッシュします。3秒プッシュしたら手を離します。

・冷えが気になる人は・

耳マッサージ

全身のツボが集中している耳をマッサージすることで
血流がアップし、むくみ、たるみ、ほうれい線が
改善されるだけでなく、眼精疲労や自律神経の
乱れにも効果的です。

1 耳を5カ所に分け、引っ張る

親指と人差し指を使います。耳を掴んで引っ張ります。

動画で
CHECK

Advice

耳は顔の筋肉にもつながっているだけでなく、全身の縮図と言われている場所なので、すきま時間を見つけてマッサージしてくださいね。

2 耳を引っ張りながら回す

次に耳を掴んで引っ張りながら、ぐるぐると回してほぐします。
3回繰り返します。

老廃物ながし

ここに効く

筋肉をほぐしただけではダメ！　たるみの原因でもある
顔にたまった老廃物をしっかり流すことでむくみが
スッキリし、肌荒れも改善、トーンアップしますよ。

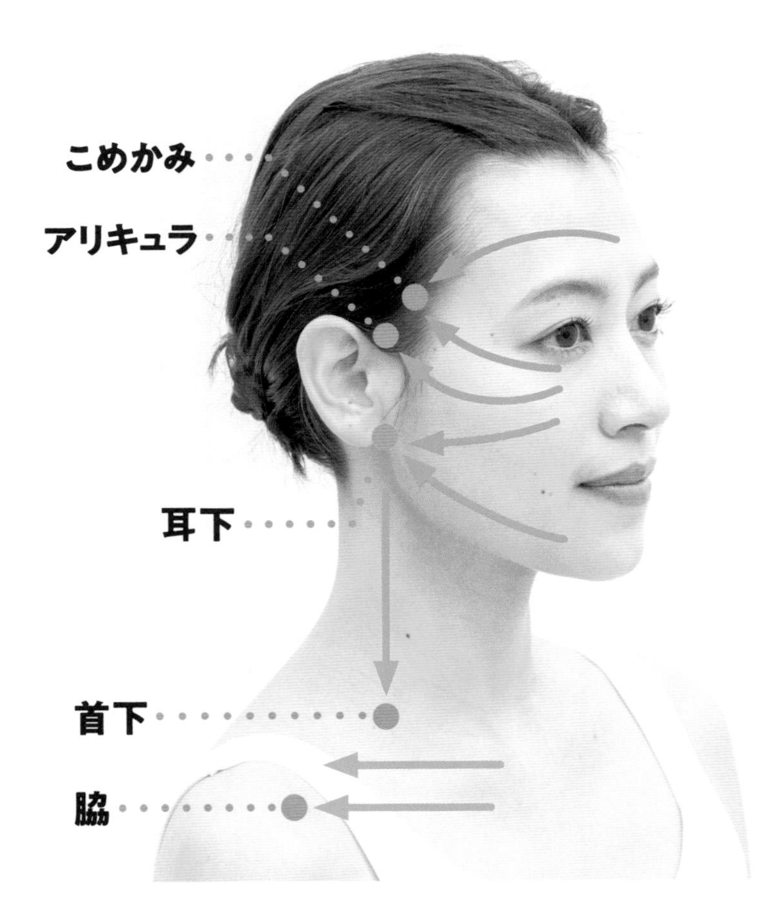

1 矢印の方向に老廃物を流す

手のひら全体を使います。手のひらで優しく押し当てながら顔全体を流していきます。

動画で
CHECK

Advice

乾燥した状態の皮膚の摩擦は絶対NG！　お肌が乾燥していると感じた場合は、マッサージ前に必ずスキンケアをしたり、マッサージクリームを塗るなどしてください。

2 矢印の方向に流したら指でプッシュする

おでこを流したらこめかみでプッシュ。４本の指の腹を使って頬上を斜め上に流してこめかみをプッシュ。頬下を流してアリキュラをプッシュ。口横から斜め上に流して耳下をプッシュ。手のひらを使って首を上から下へ流してプッシュ。鎖骨上と鎖骨下を指４本の腹ではさんで内側から外側へ流してプッシュ。

2

首長族になれる

首ケア

首こり・肩こりは人をブスにします。
首ケアはメリットだらけ。フェイスラインが上がり、
目の高さが変わり、顔の大きさも変わります。
肩のぽっこりコブがとれれば、
首がすっきり長く、小顔が手に入ります。

首前の筋肉

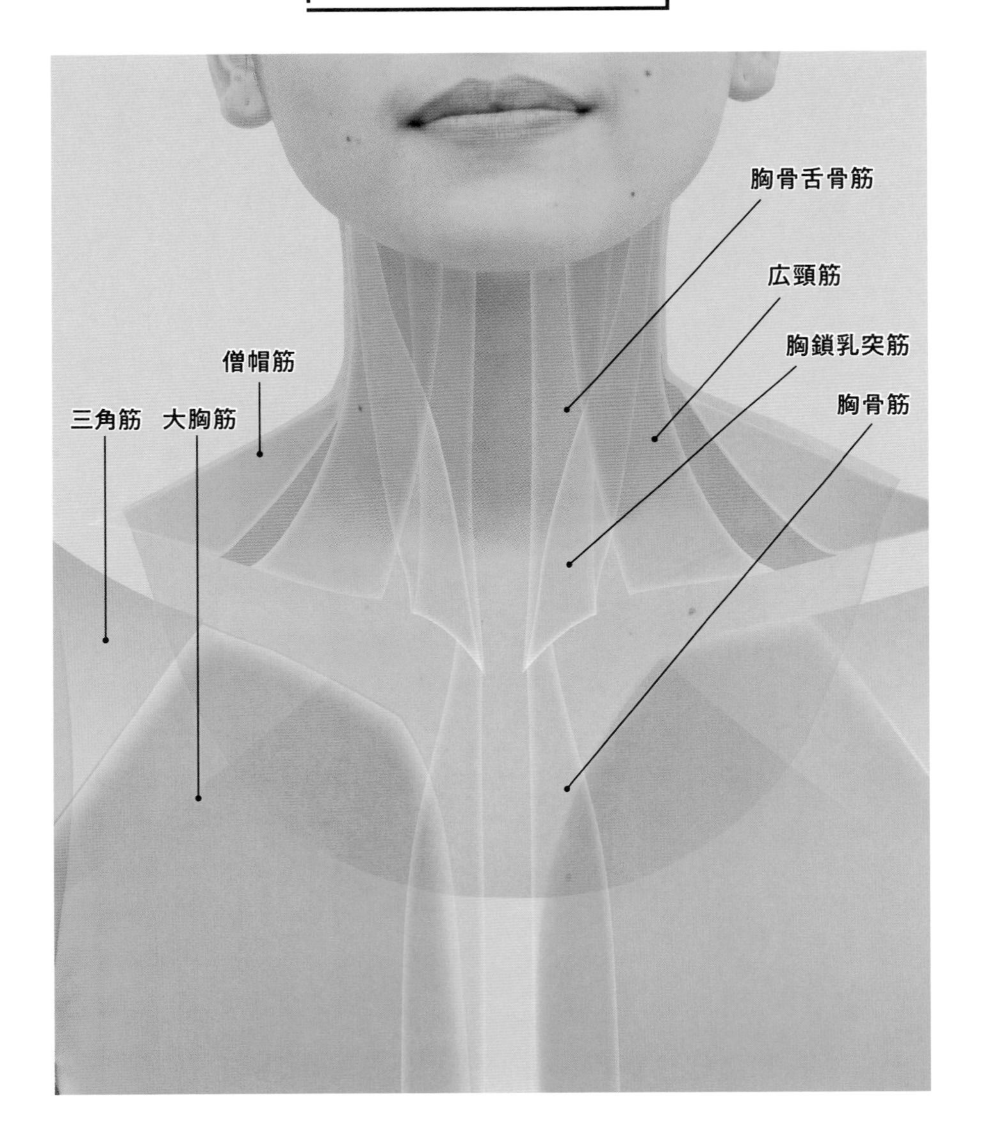

顔の表情筋の働きにも大きく関わる広頸筋、胸鎖乳突筋はほぐすことで、小顔効果を即効で感じられ、二重あごも解消することができます。

首後ろの筋肉

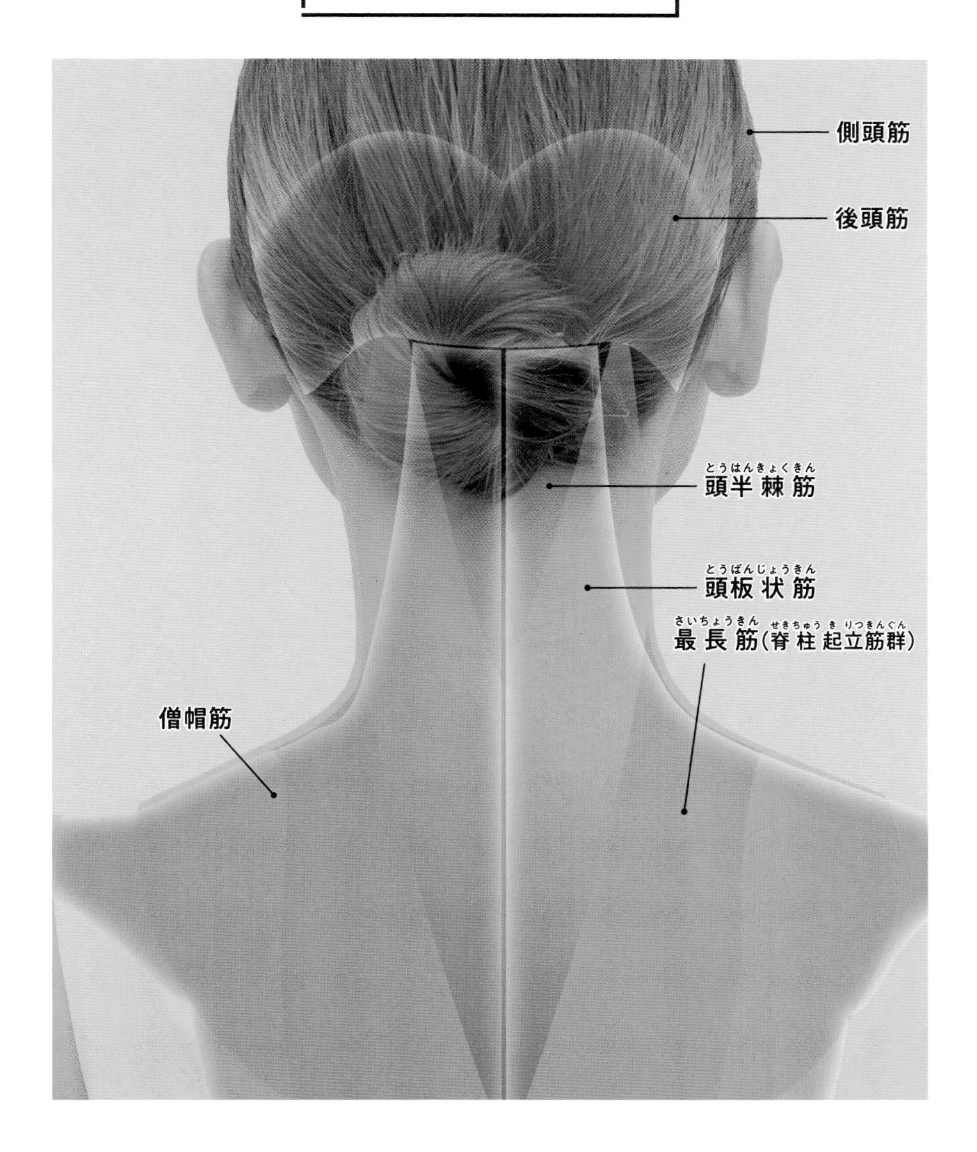

後頭部の付け根から首、肩までつながっている僧帽筋をほぐすことで肩のぽっこりコブが解消し、首長族に。顔全体のリフトアップにも効果的。

・顔のたるみが気になる人は・

首前ほぐし

ここに効く

首の前側には広頸筋、胸鎖乳突筋があります。筋肉が縮こまったまま固まると、顔のたるみや二重あごの原因になります。最初は痛いですがしっかりほぐしましょう。

手の形

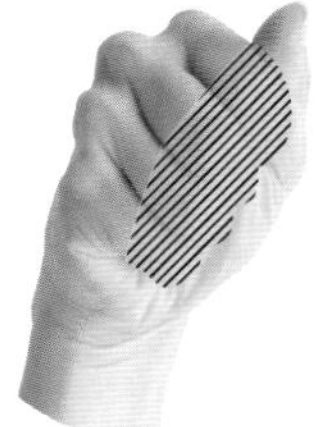

POWER ★★★

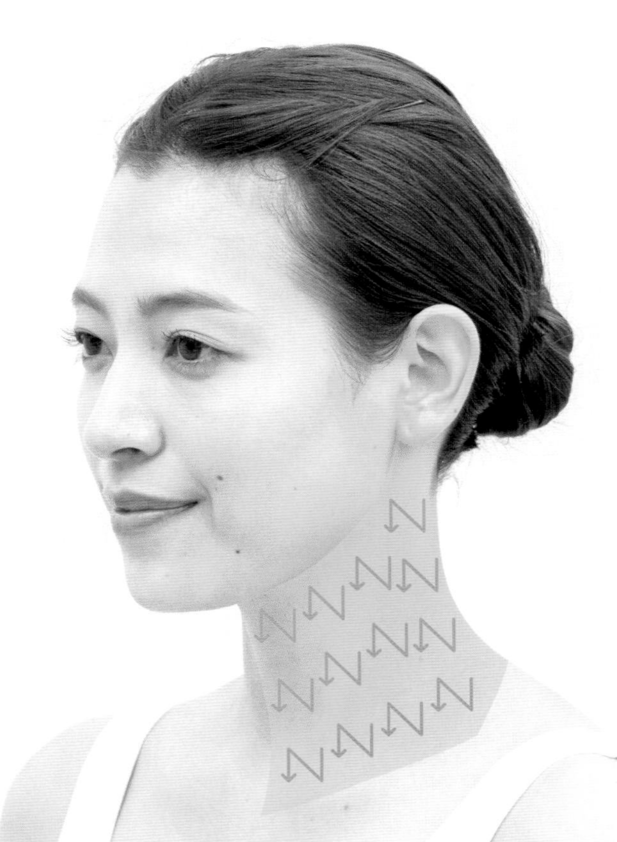

1 首前をほぐす

手はグーの形にします。指の第二関節で首と顔の付け根部分から下に向かってぐりぐりとほぐしていきます。最初は首の正面からほぐします。

動画で
CHECK

Advice

首の前側の筋肉は頬とつながっているので、ケアすることで頬のたるみが引き上がります。首横のケアはフェイスラインが上がり、目の位置が高くなり、顔の大きさも変わります。ストレートネックにも効果的です。

2 首横をほぐす

下までほぐしたら、耳側にずらしてもう一度。首の横もしっかりほぐしていきましょう。

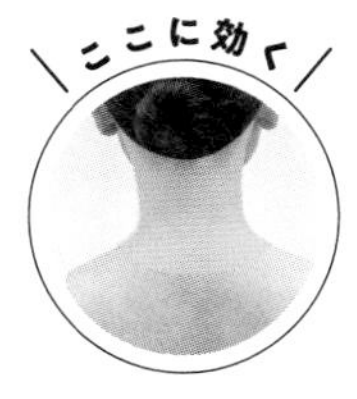

首後ろほぐし

首の後ろには後頭下筋群があり、筋肉が層になっています。
ここが伸びたまま固まっている人が多いです。
筋膜はがしをしっかりして首こりを解消させましょう。

手の形

POWER ★★★

POINT
指で圧迫して血流を止め、指を離すことで一気に血流が流れます。

左右1回ずつ

1 付け根の凹み部分を親指でプッシュ

親指を使います。後頭部と首の付け根部分を親指でぐっとプッシュします。3秒プッシュしたら離しましょう。

動画で
CHECK

Advice

首後ろのケアをすることで目がパッと開くようになり、眼精疲労にも効果的です。

2 首の後ろと横をしっかりほぐす

次に手はグーの形にして、指の第二関節で首の後ろをぐりぐりと横にほぐしていきます。終わったら反対側も同じようにほぐしましょう。

・偏頭痛に悩んでいる人は・

首後ろツボ押し

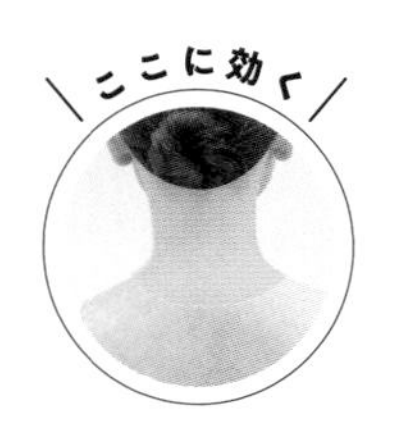

後頭部の付け根部分にはツボがあり、天柱と呼びます。
ツボを刺激して、コリをほぐし、血流をアップさせましょう。
このツボは目とつながっているので眼精疲労にも効果的。

手の形

POWER ★★☆

1 親指でツボを強くプッシュ

両手のひら全体で後頭部を包み、親指で後頭部と首の付け根の境目部分をぐっとプッシュします。

動画で
CHECK

Advice

後頭部後ろの凹みのツボは目とつながっています。眼精疲労に効くのでPCやスマホを長時間使う人はやってみてください。

2 頭を後ろに倒して刺激を深める

そのまま頭を後ろに倒しましょう。親指のツボ押しがより深まります。5回頭を上下に動かしてコリをしっかりほぐしましょう。

フェイスライン持ち上げ首ほぐし

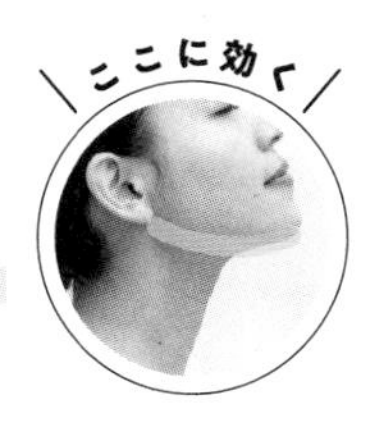

フェイスラインの骨の下の筋肉に老廃物が
たまっている人が多いです。ここのコリをほぐすことが
キレイなフェイスラインを作るのには必須。

1 フェイスラインの裏側を親指でプッシュ

親指を使います。フェイスラインの裏側を親指でぐっとプッシュ。
５カ所に分けてフェイスラインの骨横のコリをほぐしていきましょう。１カ所ごと３秒キープします。

動画で
CHECK

— Advice —

あご下の筋肉に老廃物がたまっている人が多いです。この箇所はキレイなフェイスラインを作るのに大切な箇所なので、しっかり刺激しましょう。

2 耳下までしっかりほぐす

耳下までほぐしたら、もう一度同じようにやってみましょう。3回終わったら、もう片方もやってみてください。

・エラはりが気になる人は・

胸鎖乳突筋もみ

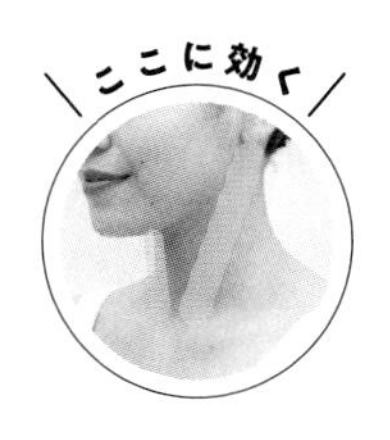

胸鎖乳突筋のラインがしっかり出ている人は美しいですよね。筋肉をしっかり刺激して、老廃物を剥がしましょう。最初は痛くても、段々と柔らかくなっていきます。

手の形

左右 3 回ずつ

POINT
皮膚というよりは首の筋肉をつまむようにもみほぐしましょう。

1 胸鎖乳突筋を上から下にもみほぐす

首を傾けて胸鎖乳突筋を出し、マッサージしやすくしましょう。親指と人差し指を使います。2本の指を使って、イタ気持ちい強さで上から下にしっかりもみほぐしていきます。3回繰り返します。

動画で
CHECK

左右
3回ずつ

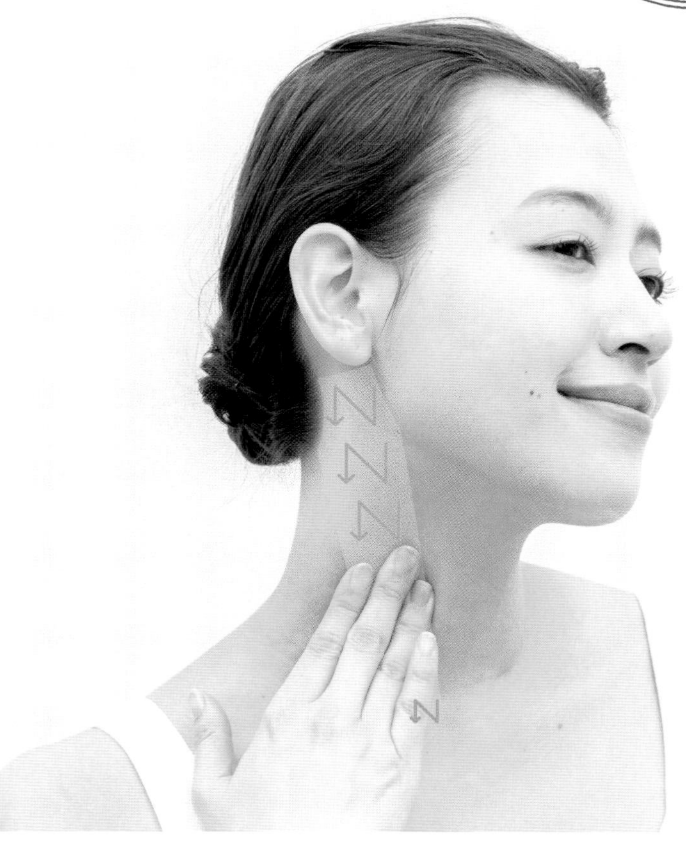

2 胸鎖乳突筋を縦にジグザグほぐす

次は人差し指、中指、薬指、小指の腹を使います。顔を横に向けて胸鎖乳突筋部分を上からジグザグと縦にほぐしていきます。上から鎖骨下までほぐしたら、もう1回。3回繰り返しましょう。

首の後ろのばし

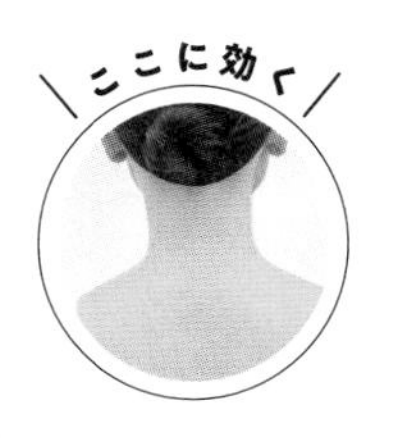

首後ろの筋肉をストレッチすることで、視界が明るく、広く、目がパッと開きます。頭が軽くスッキリするので、スマホやPC 作業中に疲れたなと思ったら実践してみてください。

手の形

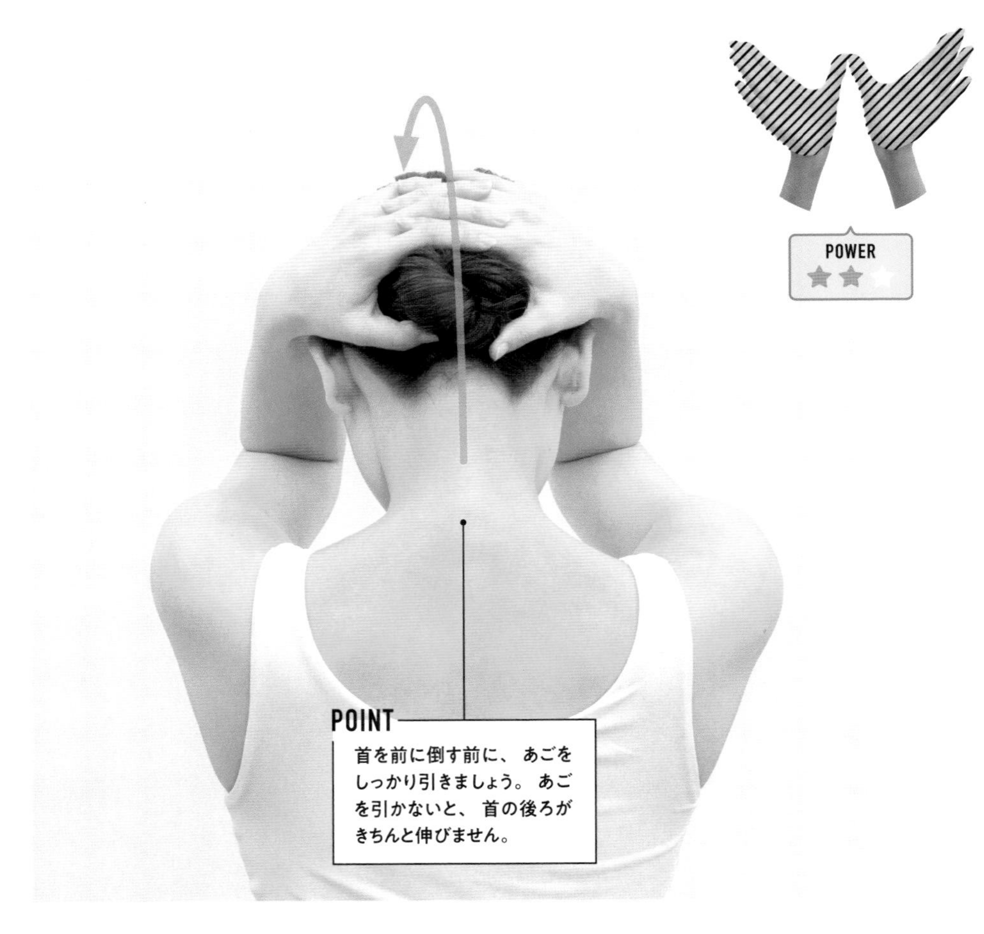

POWER
POINT
首を前に倒す前に、あごをしっかり引きましょう。あごを引かないと、首の後ろがきちんと伸びません。

1 後頭部を両手で押さえて、首を前に倒す

両手を頭の後ろで組みます。後頭部をしっかり押さえたまま、首を前に倒します。

動画で
CHECK

左右
3回ずつ

2 左右に頭を倒す

1の状態のまま横に倒します。逆方向にも倒しましょう。この左右の動きを3回繰り返します。最後にもう1回両手で押しながら首を前に倒して、元の位置に戻りましょう。

・首長族になりたい人は・

首ストレッチ

ここに効く

首の前側の筋肉は頬とつながっているので、
ケアすることで頬のたるみが引き上がります。
美しい首のくびれが生まれて小顔効果も。
ストレートネックの改善にもおすすめです。

手の形

POINT

首はいためやすいので、頭を押す手よりも、伸ばす側の肩をしっかり下げることを意識しましょう。肩を下げる方が重要です。

1

側頭部に手を添えて首を横に倒す

86ページを参考に腕を外旋します。左手を右側頭部に添えて、首を左に倒します。そのまま10秒キープ。

2

首を斜め下に倒す

1の状態のまま、左手を後ろにずらし、斜め左下に倒します。そのまま10秒キープします。

Advice

気持ちよく伸びているところより、伸びにくくつっぱりを感じる箇所を集中的に伸ばしていきましょう。その方が変化を実感しやすいです。

左右1回ずつ

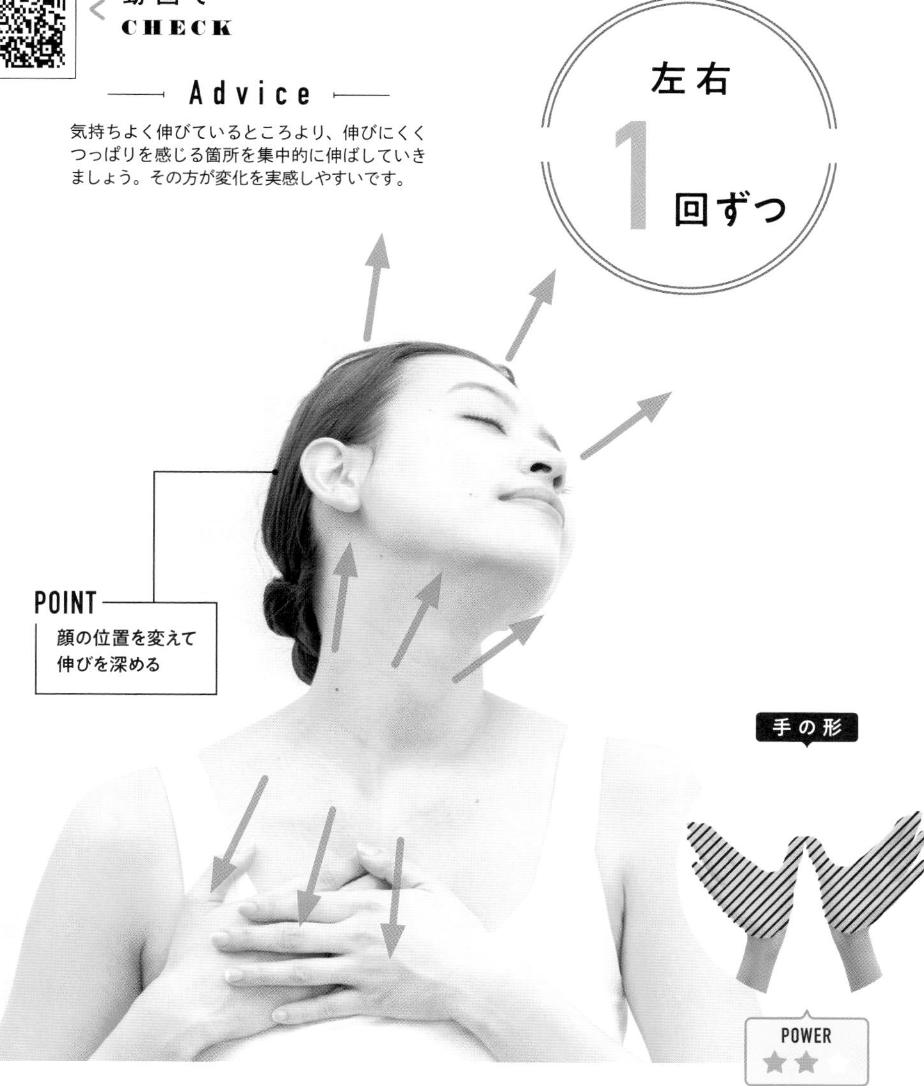

3 鎖骨下の皮膚を下に引っ張りながら、顔を斜め上に持ち上げる

次に右の鎖骨下に両手を重ねてぐっと下に押し伸ばします。そのまま顔を左斜め上に持ち上げ、首の伸びを感じましょう。そのままの状態で顔の向きを少しずつ変えていきましょう。ここまでしたら、逆サイドも行います。

肩ぽっこりとり
エクササイズ

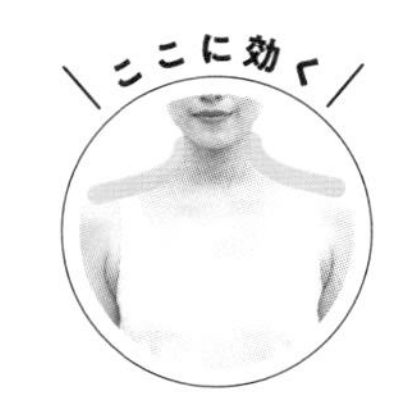

肩のコブとりで首が長く、デコルテラインがスッキリ

首こり・肩こり持ちのほとんどの人にある肩のイヤなぽっこりコブは僧帽筋が原因。この部分がぽっこり出ていることで首が短く見えてしまい、デカ顔の印象を与える原因に。
ぽっこりを解消して、首をしっかり長くしていきましょう。

また、巻き肩だと腕の筋肉がパツパツに張り、発達しすぎることで、上半身もゴツ見えしてしまいます。
肩関節は外に回して外旋すれば、肩甲骨が下がります。この状態で、しっかり首の筋肉、胸筋、肩関節部分をほぐしていくと、スッキリした首から肩のライン、デコルテラインが手に入りますよ。
もちろん、首こり・肩こり、偏頭痛、ストレートネック解消にも効果的です。

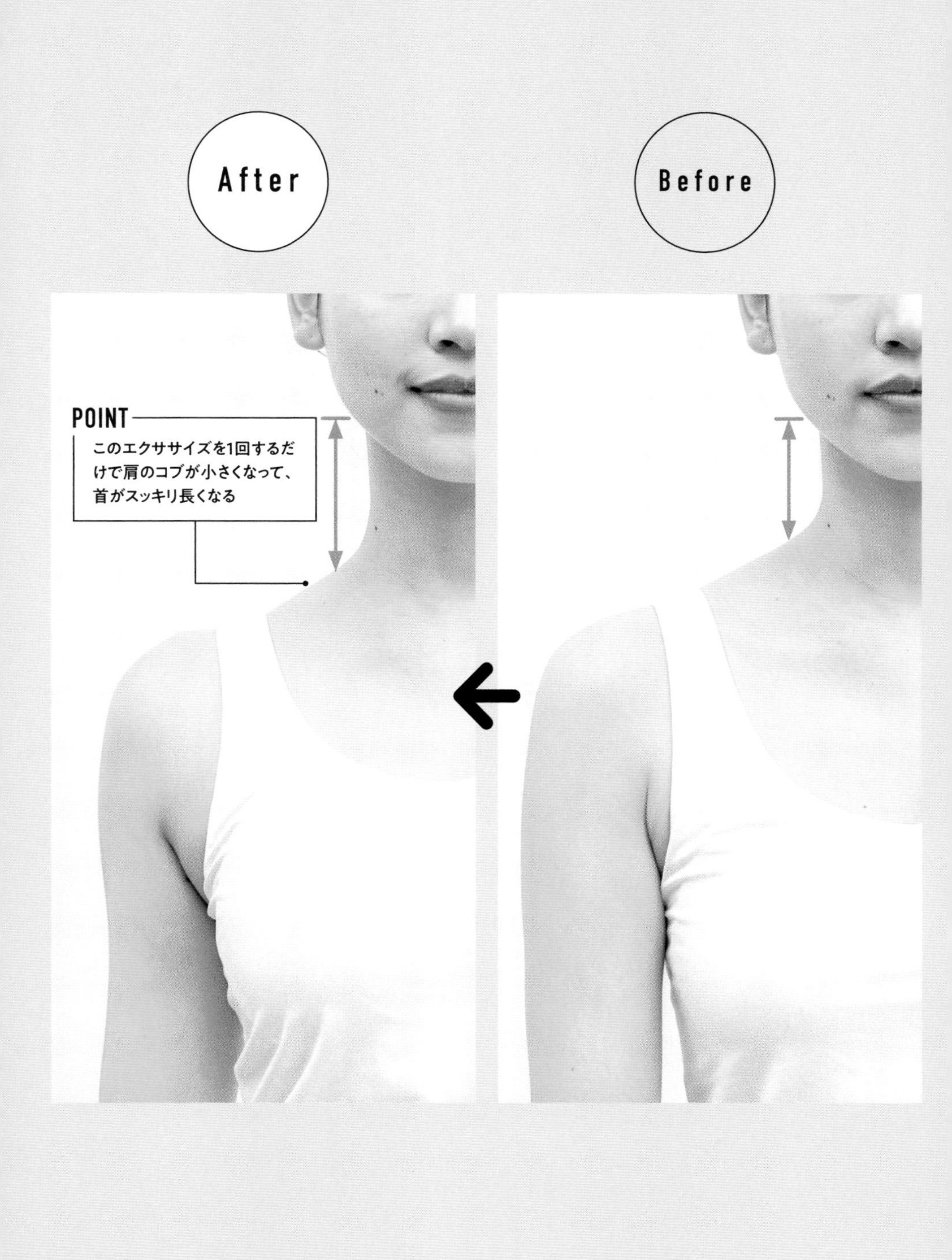
After
Before
POINT
このエクササイズを1回するだけで肩のコブが小さくなって、首がスッキリ長くなる

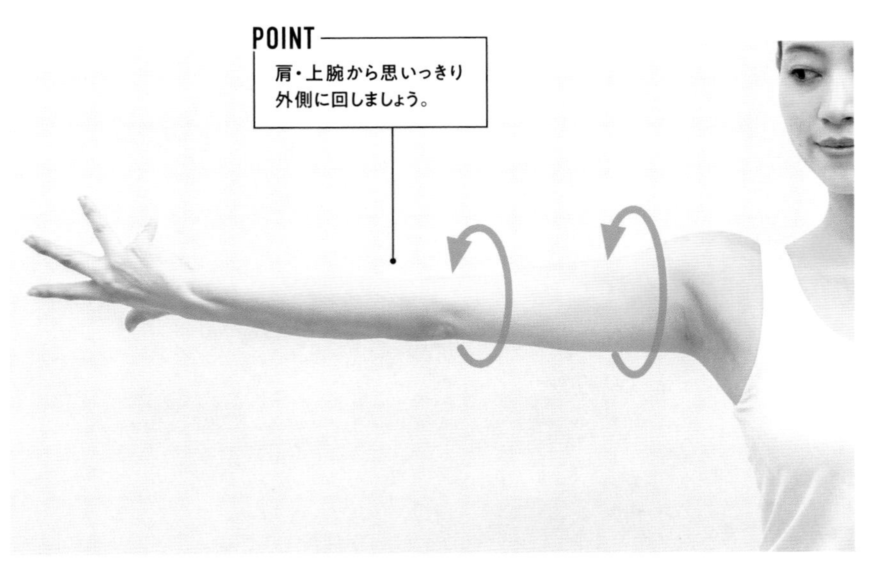

POINT
肩・上腕から思いっきり
外側に回しましょう。

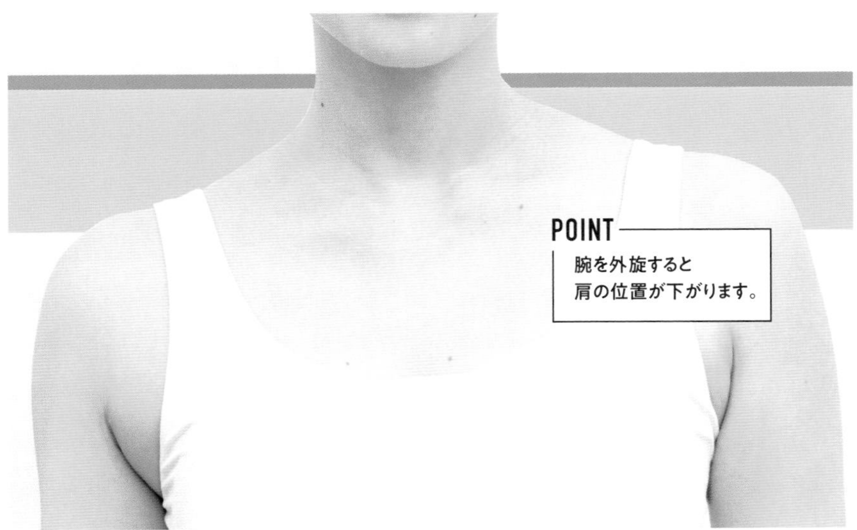

POINT
腕を外旋すると
肩の位置が下がります。

1 腕を外旋する（肩関節を外に回す）

右腕を外旋します。腕を親指から外側に回して、そのまま下に下ろしましょう。これだけでも肩甲骨が下がって、肩まわりがスッキリします。

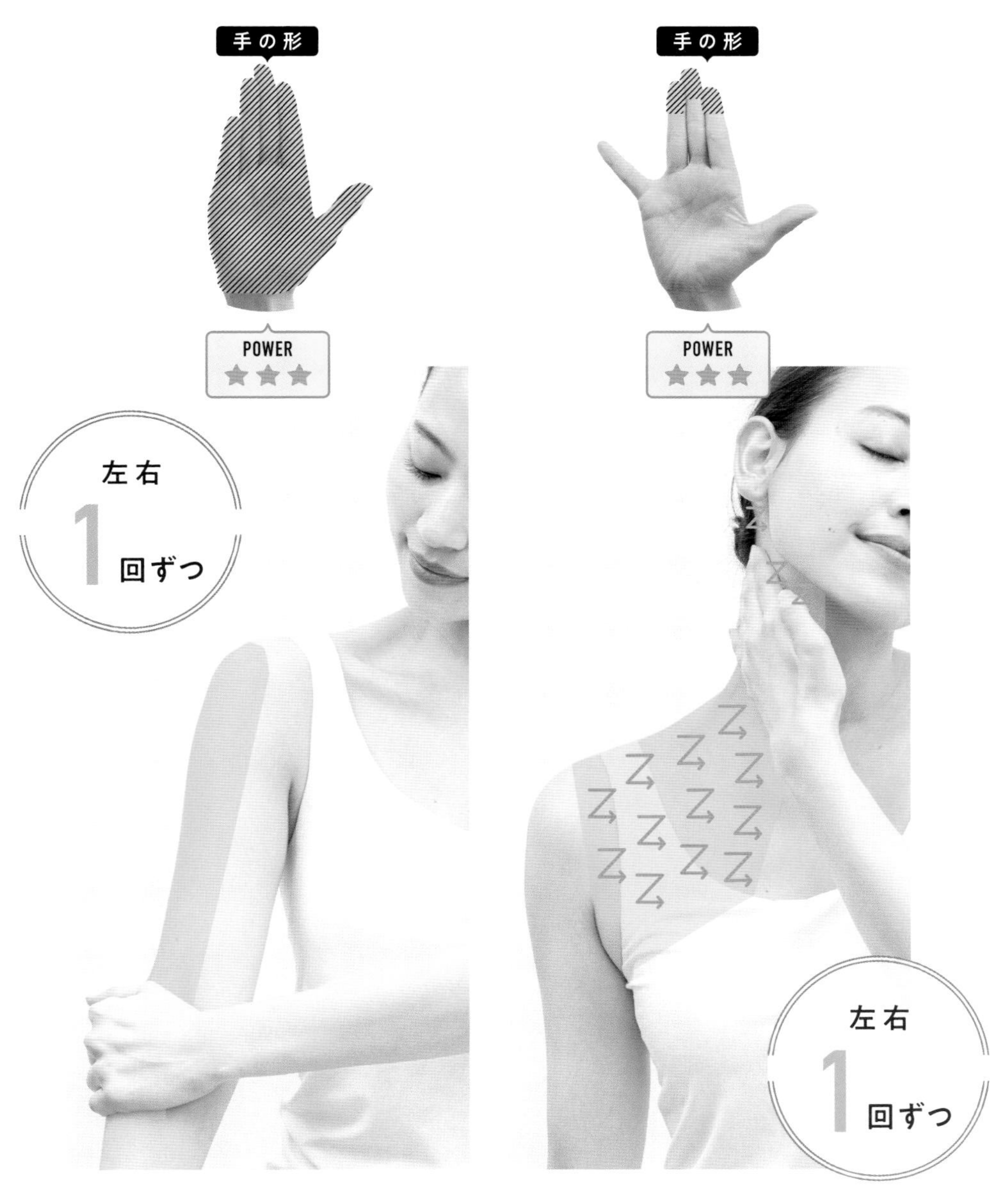

2 首、肩、鎖骨、胸、腕の筋肉をほぐす

1の状態のまま、指の腹と手のひらを使って、首、肩、鎖骨、胸上、腕の筋肉をしっかりほぐし、腕の外側の筋肉をもみほぐします。

手の形
POWER
POINT
頭を押す手よりも、伸ばす側の肩をしっかり下げることを意識しましょう。肩を下げる方が重要です。

3 側頭部に手を添えて、首を横に倒す

しっかりほぐしたら、左手を右側頭部に添えて、首を左に倒します。伸びを感じましょう。

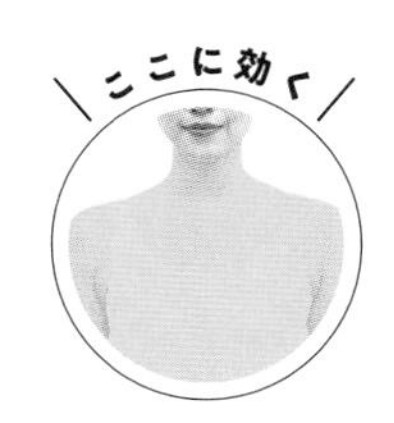

Advice

腕が硬い人は最初なかなか胸まで伸びていることを感じにくいかもしれませんが、続けることで徐々に可動域が広がり、胸まで伸びます。

POINT
肩と腕を外旋したままの状態で壁に手をつきましょう。
左右
3
回ずつ

4 壁に手をついて体をねじる

手で壁をしっかり押したまま、体を前にねじります。伸びを感じましょう。手の位置を上下に移動させて、もう一度ねじります。ここまでの動きを3回繰り返し、終わったら逆サイドもしましょう。

3

肌のハリ、血色がUP

頭皮ケア

ガチガチ頭皮は老け顔を作る原因に。
とくにたるみとりと目のぱっちりには頭皮ケアが
おすすめです。ガチガチの頭皮をほぐすことで、
血流が良くなるので、肌の血色も良くなり、
ハリがよみがえります。

後頭部の筋肉

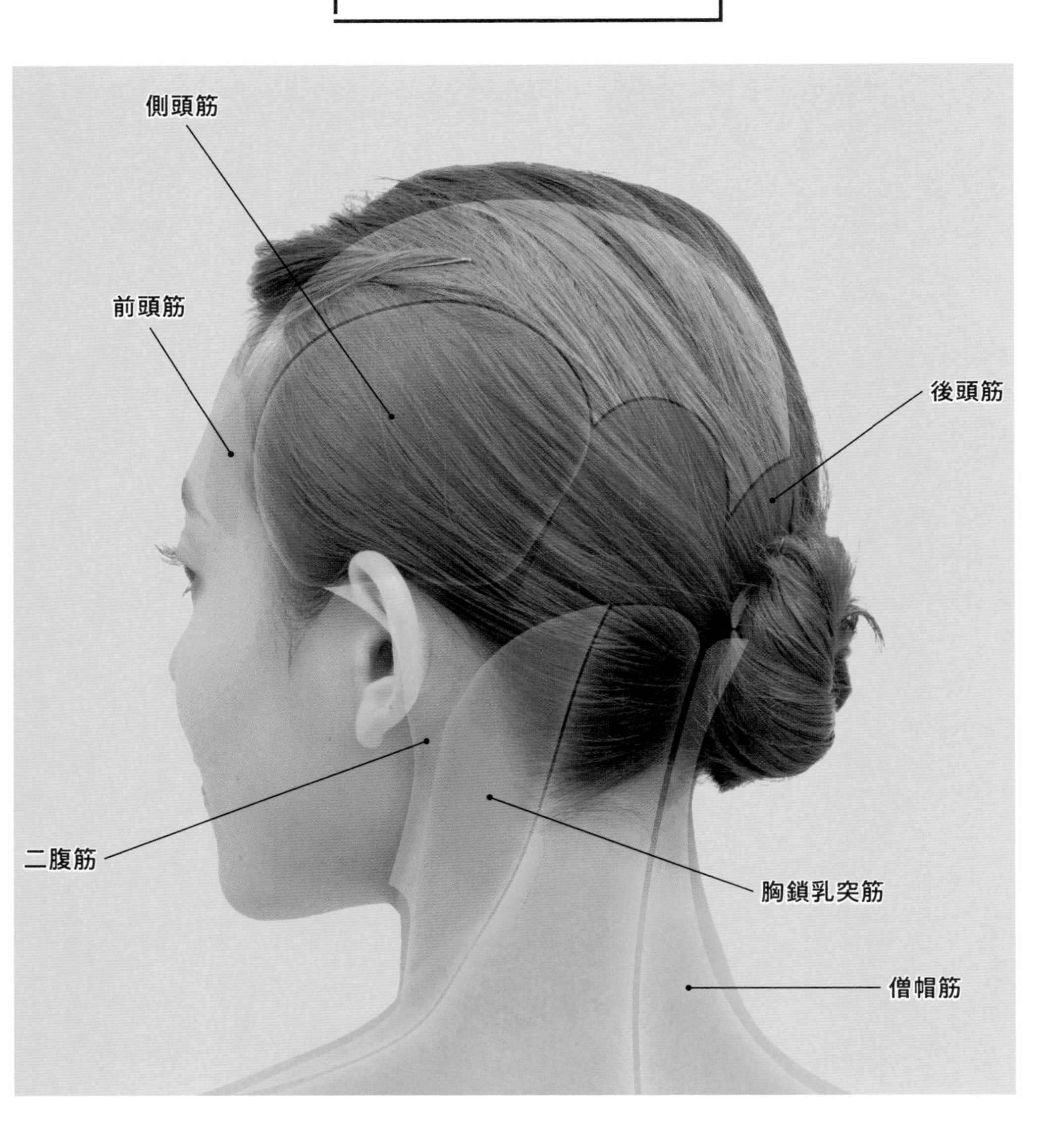

こめかみや耳上にある側頭筋は、顔の横幅を縮小させ、下あごからフェイスラインを引き上げる働きがあるので、しっかりほぐしてほしい箇所です。

頭頂部の筋肉

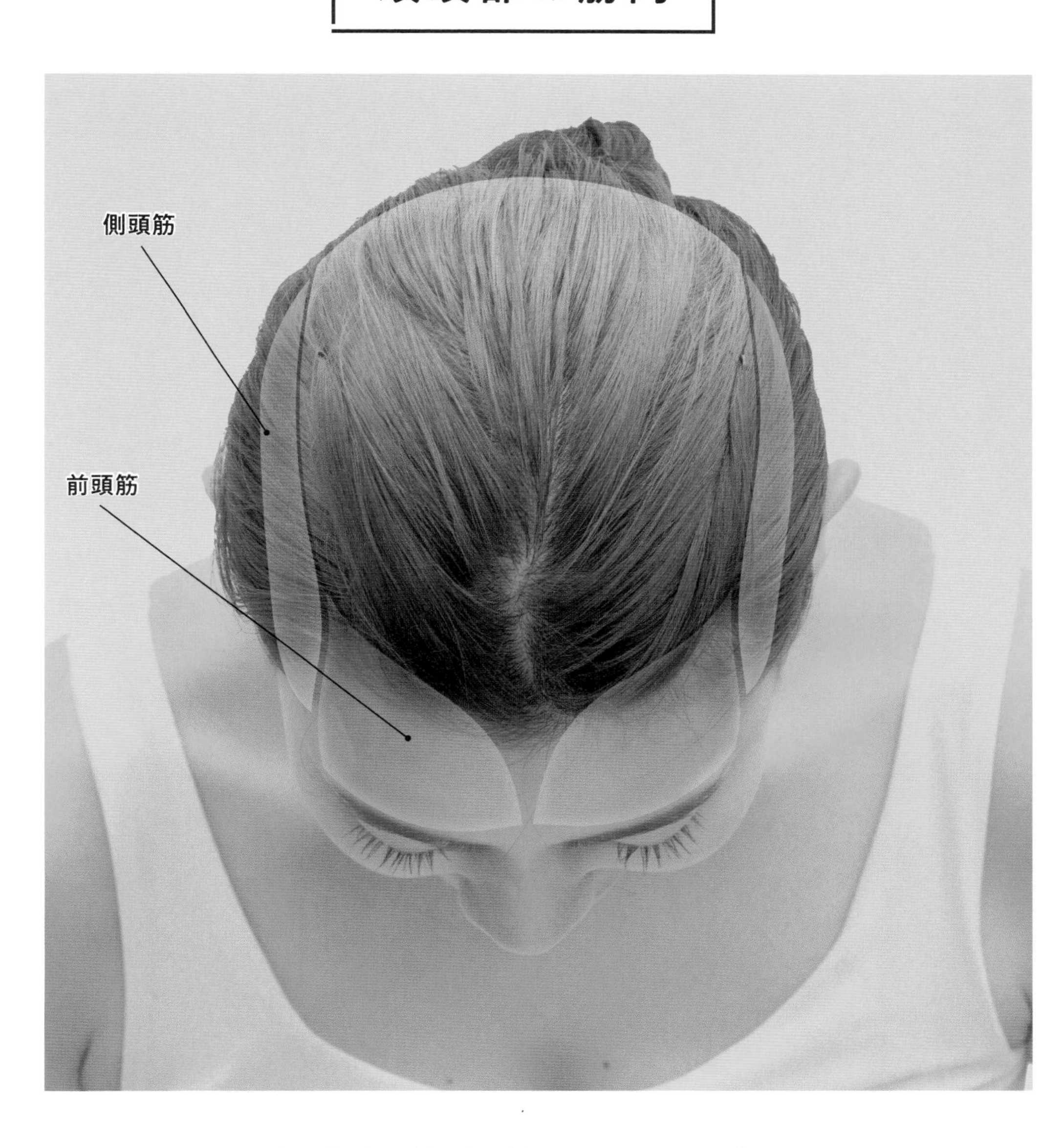

表情筋はそのまま前頭筋、側頭筋、後頭筋につながっています。頭皮をしっかり引き上げることで、表情筋も引き上がる上に、血流も良くなるので肌のくすみも解消されます。

顔の横幅を小さく

側頭筋がこっていると、顔の横幅が大きくなります。
顔の横幅の余白が気になる人はしっかりほぐしてみて。
余白が小さくなり、リフトアップにも効果的。

手の形

POWER ★★★

1 側頭筋を縦にジグザグほぐす

手をグーの形にします。第二関節を使って側頭筋をしっかり縦にぐりぐりほぐしていきましょう。

Advice

側頭筋は耳の上にある頭部側面の筋肉のことです。耳上から下あごまで影響されるので、ほぐしの即効性を実感しやすいです。

2 側頭筋を横にジグザグほぐす

次も同じく手はグーで、第二関節を使います。今度は側頭筋部分を横にぐりぐりとほぐします。縦と横でしっかり側頭筋のコリをほぐしていきます。

側頭筋ケア

側頭筋の耳上部分には、耳介筋があります。
耳介筋は、胸鎖乳突筋、咬筋ともつながっているので、
頑固なコリがあると影響は大きく、たるみ、頭痛、
眼精疲労の原因になってしまいます。

1 耳まわりの筋肉を左右にゴリゴリほぐす

手のひらの親指の付け根のふくらみ部分を使います。側頭筋から耳横、首の付け根の方までしっかりほぐしていきましょう。

動画で
CHECK

左右
3回ずつ

手の形

POWER
★★★

2 耳まわりの筋肉を押しながら引き上げる

次は親指を使います。耳まわりの生え際をプッシュしながら上に
引き上げます。全部引き上げたら、３回同じ動きをしましょう。

・リフトアップしたい人は・

頭皮を引き上げ

頭皮の引き上げは顔全体のたるみにダイレクトに効きます。こり固まって垂れ下がってきた顔の皮膚をしっかり持ち上げ、頭皮に戻していきましょう。

手の形

POWER
★★☆

1 両手を添えて、顔を引き上げる

右手を右頬に置き、手のひらを使ってそのまま引き上げます。左手を上から添えて、左手のひらで押さえながら引き上げます。

2 頭皮を引き上げる

1の引き上げた状態で右手でそのまま顔の皮膚から頭皮へと上へ引き上げます。同じ動きを3回繰り返します。

動画で
CHECK

Advice

簡単に顔全体が引き上がるので毎朝でもやってもらいたいエクササイズです。頭皮マッサージが終わったら、62-63ページの耳マッサージをすることで、さらに血流がアップします。睡眠の質が上がるので入浴中や就寝前にもおすすめです。

3 側頭部の頭皮も引き上げる

次も手のひら全体を使います。指ぐしを斜めに入れての頭皮をそのまま斜め上に引き上げます。同じ動きを3回繰り返します。ゆっくりゆっくり引き上げるのがポイントです。

・目をパッチリさせたい人は・

頭皮をかき上げ

目の開きが悪く、目元の印象がぼんやりしている人や目のたるみが気になる人、目を大きくしたい人におすすめ。後頭部までしっかり流すことで、顔のくすみも消えますよ。

手の形

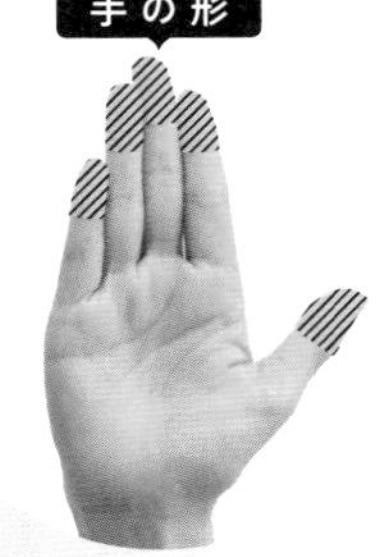

POWER ★★★

1 頭皮をゆっくり引き上げる

指ぐしの形で正面から頭皮を上げていきましょう。しっかり力を入れて、頭頂部、後頭部の方までゆっくりかき上げていきます。同じ動きを3回繰り返します。

動画で
CHECK

左右
3回ずつ

2 側頭部の頭皮も引き上げる

側頭部の頭皮も同じように後頭部まで引き上げます。反対側も反対の指を使って引き上げましょう。

4

すきま時間にできる

デコルテケア

小顔は顔まわりのケアだけでは劇的に変化しません。
デコルテ、上半身のケアにも目を向けましょう。
脇下はリンパのゴミ箱があるので、
たまったゴミの詰まりを解消して、
しっかり老廃物を流しましょう。

胸、腕や手のひらがこっていると顔がたるんでしまう

顔の筋肉は首の胸鎖乳突筋や僧帽筋、広頸筋に、首の筋肉は大胸筋に、大胸筋の筋肉は腕の筋肉、手のひらまでつながっています。
頭皮、顔、首の筋肉のコリをほぐして、老廃物を流せば、小顔になれます。
ただし、その小顔をキープできるかは別問題。
デコルテや腕の筋肉がこっていると首や顔の皮膚が下へと引っ張られ、結局元通りになってしまいます。
せっかくの小顔状態をキープし続けるためには、根本からの解決が大切です。
日常生活では、腕や手を前に出す動きが多く、自然と上半身の前部分が固く縮こまってしまいます。それで肩甲骨が上がったままになり、首こりや肩こり、巻き肩やストレートネックの原因になります。
また、エステや整体などでもほぐす機会が少ないバストまわりは意外にもこっている場所。コリと加齢によって肋骨が浮き出て、貧相に見えることを気にしている人も意識的にデコルテ、腕をケアしていきましょう。

デコルテまわり・上半身の筋肉

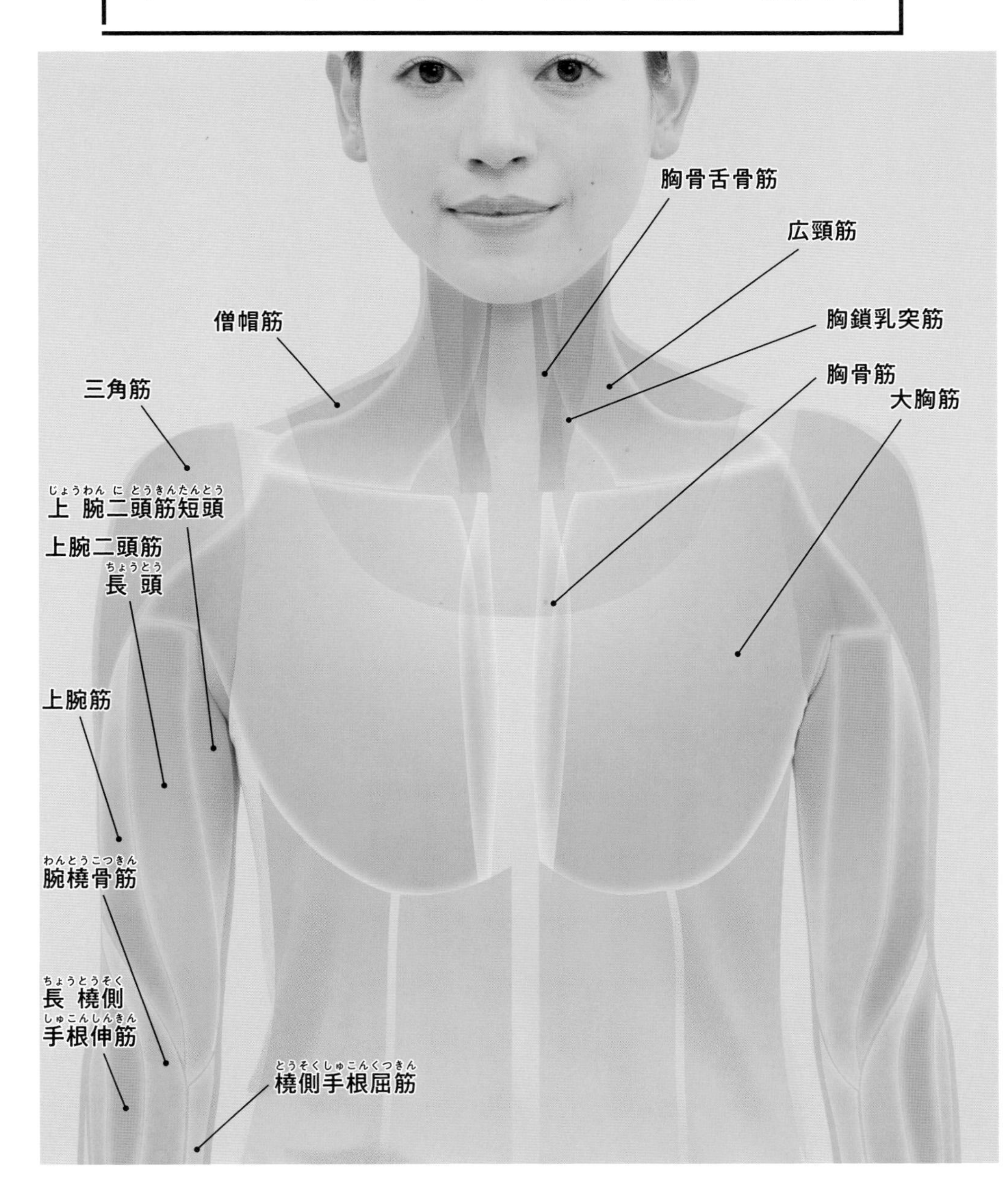

・あばら骨が浮き出て、貧相見えが気になる人は・

デコルテケア

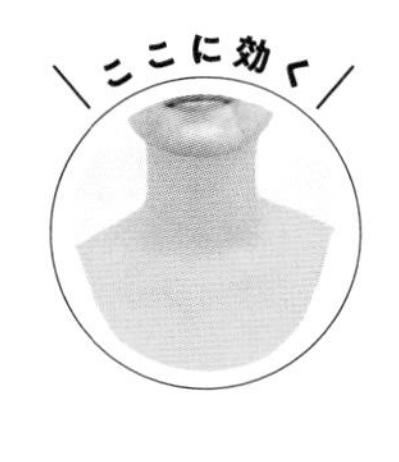

整体やマッサージ、エステの施術者もなかなか
触れない胸まわりの筋肉は意外とこっています。
デコルテがガチガチにこっていると首、顔の筋肉を
下に引っ張ってしまい、たるみの原因になります。

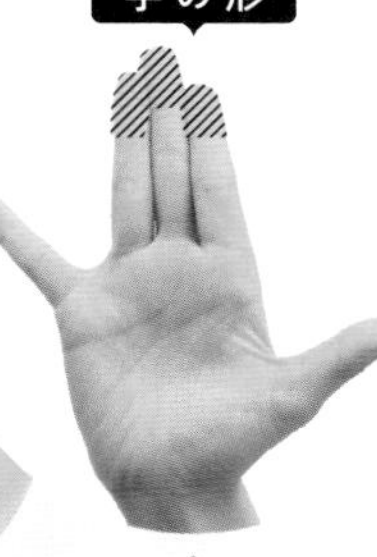

全体
1回ずつ

1 谷間部分をほぐす

バストまわりはこっている人が多い部分です。人差し指、中指、薬指を使って、胸の谷間部分をぐりぐりとほぐします。

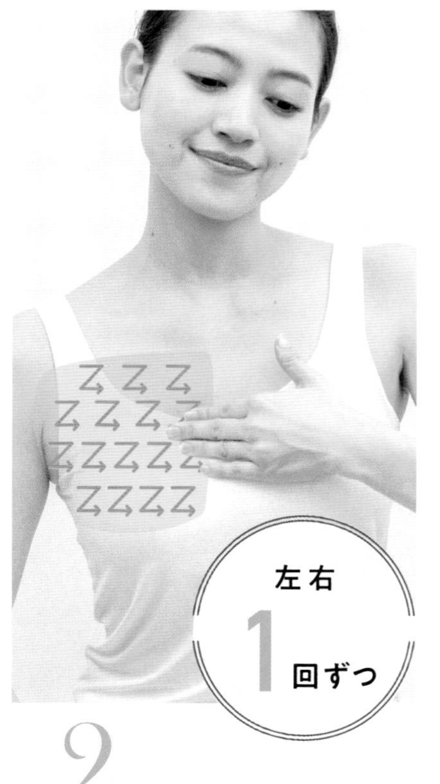

2 鎖骨下からバスト上までほぐす

同じように鎖骨下からバスト上もジグザグとしっかりほぐしていきましょう。

動画で
CHECK

Advice

腕が細い人は脇が凹んでいます。腕を上げたとき、脇がぽっこり出ている人は必ずやってほしいマッサージ。二の腕痩せに効果があります。

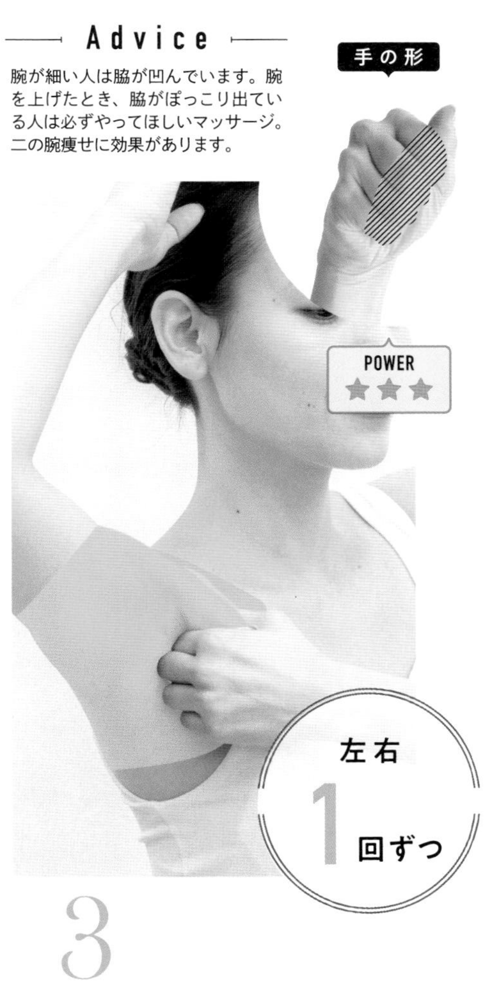

3

脇まわりをもみほぐす

次に腕を上げて、脇まわりをもみほぐしていきましょう。

Advice

脇下はリンパのゴミ箱があります。排水溝の詰まりと同じで、この部分にたまったゴミをとらないと老廃物がきちんと流れないのでしっかりケアしましょう。

4

脇を掴みながら腕を回す

腕の付け根部分を手でしっかり掴んだまま腕をぐるぐると回します。反対側ももみほぐしましょう。

腕ほぐし

首こり・肩こり、顔のたるみも、腕がガチガチのままだと良い結果がなかなか出ません。
小顔状態をキープしたいなら、
腕を柔らかくして、老廃物ケアをしましょう。

左右 3 回ずつ

手の形

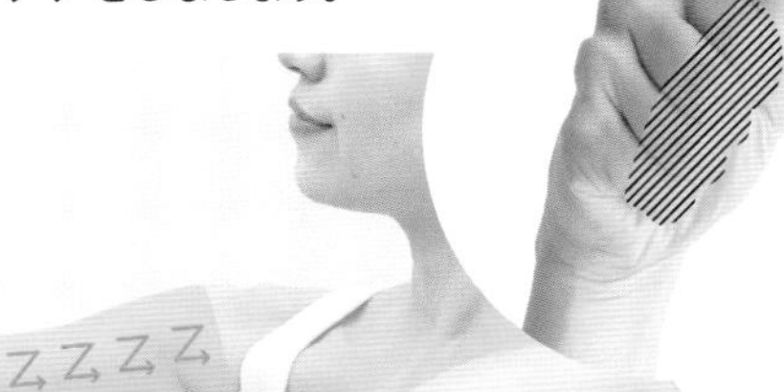

POWER ★★★

1 腕の内側をジグザグほぐす

右腕を前に伸ばします。手をグーにして第二関節で腕の内側をぐりぐりとほぐしていきます。手首から肩までしっかりほぐすように3回は繰り返しましょう。

左右 3 回ずつ

手の形

POWER ★★★

2 内側から外側に向かってほぐす

次に片方の手で腕を掴んで内側から外側の向きにひねります。手首から肩まわりまでひねっていきましょう。3回繰り返します。

動画で
CHECK

Advice

ふだん重い荷物を持つ人や育児中の人は肩がこっていたり、腕がパンパンに張っている人が多いです。就寝前の習慣にして、コリをためないようにしましょう。

3

手のひらを外側に向け、腕を伸ばす

右手の親指以外の4本の指を左手で掴み、引きます。腕の内側の伸びを感じましょう。

4

親指を掴んで、腕を伸ばす

最後に右親指を左手で掴み、もう一度引きます。左腕も同じようにほぐしましょう。

すきまフェイスライン

疲れや加齢から重力に簡単に負けてしまうのが顔の筋肉。でもちょっとケアするだけで変化を実感できるメリットがあります。すきま時間に優しく引き上げていきましょう。

手の形

POWER ★★☆

1 指の腹で顔を引き上げる

両手の指を使います。両手指の腹を使って頬を押しながら引き上げていきます。

2 おでこも引き上げる

おでこや頬など顔全体を同じように両指を使って、少しずつ引き上げましょう。

動画で
CHECK

Advice

乾燥しているお肌に摩擦は大敵！　保湿をしてから優しく引き上げてくださいね。

3

手のひらで押しながら引き上げる

次に手のひらを使います。手のひらで頬を包んだら、そのまま押して、ゆっくりと引き上げていきます。

4

手のひらで頭皮に向かって引き上げる

こめかみまわりやおでこも手のひらで引き上げます。皮膚の下の筋肉を感じながら引き上げましょう。

しわ予防

表情筋を思いっきり動かす顔の筋トレは、効果は
あるのですが、しわになりやすいというデメリットも。
しわ予防をしながらしっかり顔の奥にある筋膜を
引き上げていきましょう。

手の形

POWER ★★☆

POINT
皮膚ではなく、奥の筋膜が動くように圧をかけて引き上げましょう。

1 両手で顔を外側に引っ張る

両手で頬をはさむようにして、親指を耳下のフェイスラインの付け根に置きます。そのまま顔の皮膚を外側に引っ張ります。

2 そのまま口を「いー」と開く

1の状態で口を「いー」の形にして表情筋を鍛えます。

動画で
CHECK

顔全体
1回ずつ

POINT
皮膚ではなく、奥の筋膜が動くように圧をかけて引き上げましょう。

3

両手でおでこを上に引っ張る

次に両手でおでこを引っ張り上げます。

4

そのまま目を開いて、パチパチさせる

3の状態のまま、目をカッと見開き、パチパチと何度か瞬きをします。口まわり、頬、目まわり、おでこの筋トレになります。

手ストレッチ

顔の筋肉は首に、首の筋肉は胸筋に、胸筋の筋肉は腕につながっています。腕や手のひらの筋肉がこり固まって縮んでいると、顔の筋肉が下へ引っ張られてしまいます。きちんとほぐすと肩まわりがスッキリしますよ。

1 腕の前側をしっかり伸ばす

机などに爪先が身体に向くように手を置いて、腕の前側が伸びているのを感じましょう。そのまま 10 秒キープします。

ツボ押し

顔にはたくさんのツボがあります。
疲れたときにツボを刺激すればスッキリしますよ。

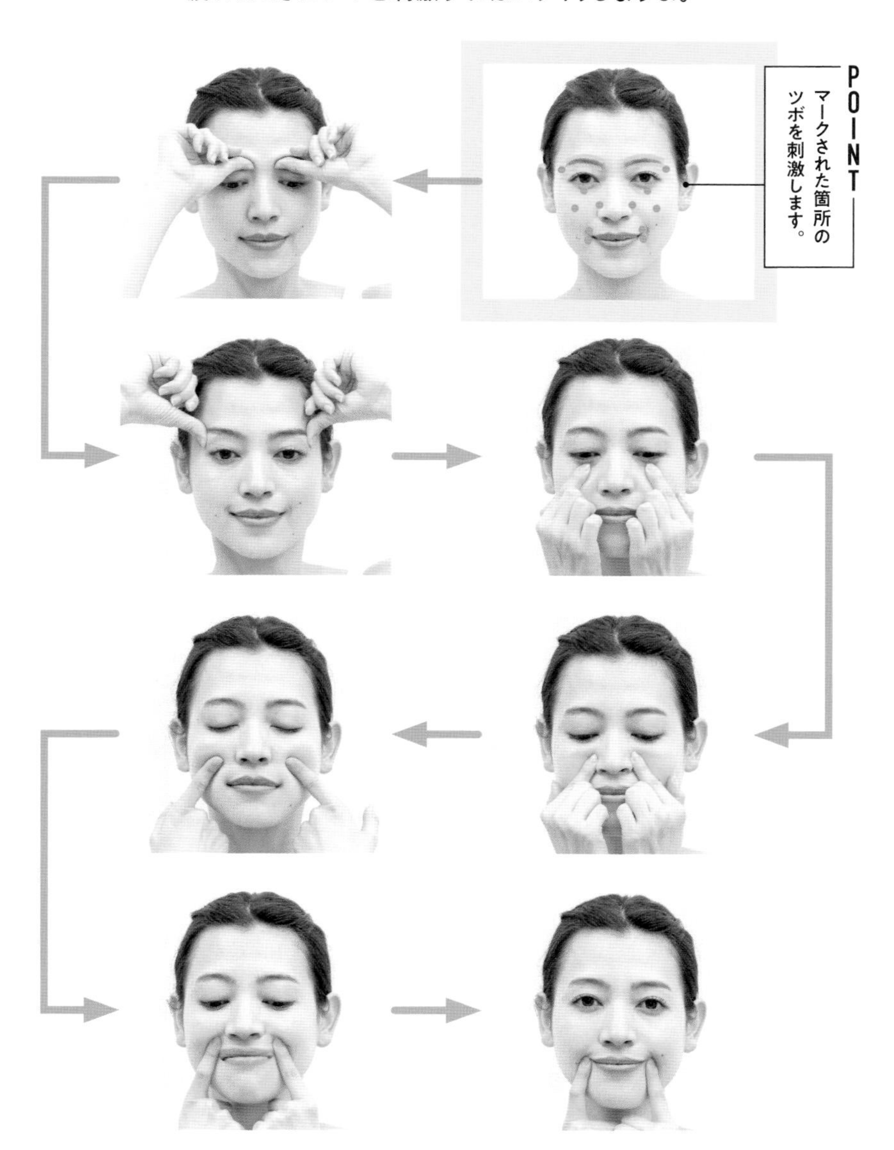

POINT
マークされた箇所のツボを刺激します。

温めてほぐし効果UP

ホットタオルを使ってみてください。温めることで筋肉がゆるみ、即効性が上がります。

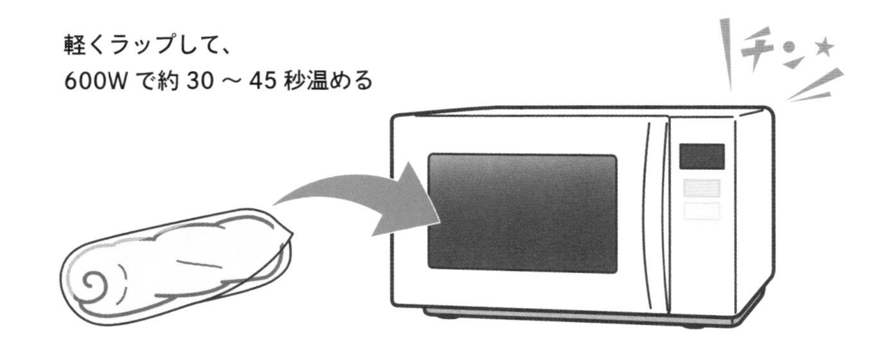

ホットタオルの作り方

薄手のフェイスタオルを濡らし、水気をしっかり切ります。ラップして600Wで約30～45秒を目安に温めましょう。

顔全体を1分温める

余裕があるときは、顔の下半分、上半分と半々で温めるのがおすすめです。

pick up! ＞ ホットタオルで

時間に余裕があるときやコリがひどいなと感じたときは、セルフケアの効果を高めるために

2

首・肩をタオルが冷めるまで温める

首・肩のコリがひどいときは、ホットタオルで2～3回温めてみましょう。

3

頭をタオルが冷めるまで温める

たるみ引き上げの集中ケアをしたいときは、温め直して頭全体をタオルで包んでみましょう。

どうしたらいい?

考えず、各エクササイズ動画を見ながら、毎日1エクササイズを目標に実践してもらえたら嬉しいです。

週何回やった方がいいですか?

慣れてきたら、気がついたときに週1回でも2週に1回でもいいですが、**最初の3日間だけは集中ケア**をしてみてください。変化を実感するとモチベーションも上がるので、セルフケアが楽しくて続ける気がわいてきます。あとは全部頑張ろうとせずに、まずは気になる箇所の**1～2個のマッサージを毎日コツコツ続ける**ことが何よりも大切ですよ。

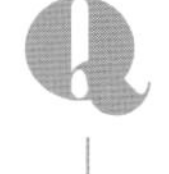

いつセルフケアするのがおすすめですか?

効果を実感しやすいのは朝イチ。ほぐし効果が高いのは入浴中です。お風呂で温まった筋肉はいつもより柔らかくなっているので、ほぐしやすいです。もちろんお風呂以外でマッサージしても効果的です。

私はいつも**お気に入りのオイルを使ってケアして、そのままお風呂へ。**お風呂でさらに頭皮や顔のマッサージをしています。時間のない日はシャワー後に、ボディクリームで保湿しながら、デコルテ、首、肩をほぐしています。また、朝はむくんでいたり、外出前に鏡を見てほうれい線が気になったりすることもあるので、**朝イチに気になる箇所だけでも1～3分マッサージ**すると見た目の変化を感じられます。とくにむくみとりは短時間のマッサージで簡単に効果を実感できるのでおすすめですよ。

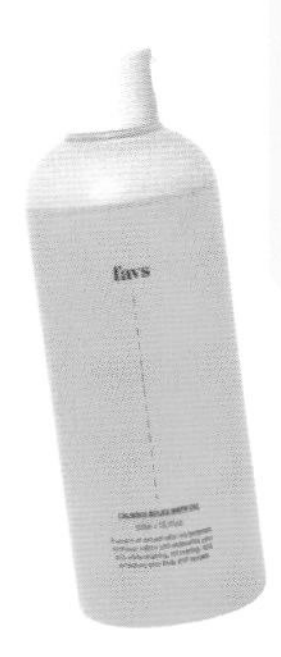

お気に入りアイテム

肌にうるおい、ハリ、柔らかさを与える5種類のエイジングケア植物オイルを配合。ボディに直接塗布してマッサージした後は、そのまま浴槽へ。洗い流す必要はありません。水に溶けやすくベタつかないため浴槽にオイルが残りにくく、お掃除も簡単なのが嬉しい。favs カーミングリラックスバスオイル 300mL ￥4,950（税込）／favs

Q & A ＞ こんなときは

セルフマッサージ法をお伝えしているお客様によくいただく質問をまとめました。ただ、難しいことは

顔や首のケアをするときには **オイルやマッサージクリームなどを使用した方がいい**ですか？

お顔の皮膚はデリケートなので、乾燥した状態のままケアするとしわやたるみ、しみの原因になります。
皮膚の摩擦を避けるために、お使いの**スキンケア用品でしっかり保湿した後にマッサージをしましょう。**
ただし、オイルやクリームなどをつけた直後は、指先が滑りやすくなっているので、とくに目まわりをケアするときは指先が目に入らないよう、ゆっくりマッサージしてくださいね。

「セルフ小顔」で紹介されているマッサージは、**どの順番にしたら効果的**ですか?

顔のマッサージから始めてももちろん効果はあります！
ただ首から下の筋肉がこり固まっていると、顔の筋肉が下へ下へと引っ張られてしまうので、マッサージ効果の戻りが早くなってしまいます。
なので、余裕があるときは**下から上にケアするのがおすすめ。**
スペシャルケアしたいときは、**デコルテ→首→顔→頭皮の順番です。**ちょっと時間があるときは**首→顔の順番も即効性があります。**
でも、フルコースでやろうとすると一気にハードルが高くなるので、気になる部位を優先的にやって、ご自身の嬉しい変化をまず楽しんでくださいね。

・続けるためには・

時短・便利アイテムを積極的に取り入れて

自分の手でケアをするのは癒し効果もありますし、どこがどれくらいこっているのかを把握しやすく、力加減も調整しやすいです。
また、いつでもどこでもできる手軽さがあり、お金もかからないなどメリットがたくさんありますよね。
ただ、疲れているときほど、自分の手でケアする気力も体力もなかったりするもの。
私のようにズボラでめんどくさがり屋な人は、いさぎよく便利アイテムに頼ってしまうことをおすすめします。
私自身も自宅でのセルフケアは次ページから紹介するマッサージガンやカッサを使うことが多いです。
とにかくコリや老廃物を蓄積させず、毎日ちょっとでもいいから続けることが大切なので、あなたの負担にならずに続けられる方法を優先してみてください。
サロンに通っているお客様やオンラインレッスンの生徒さんにもセルフケアのためにおすすめしているアイテムばかりです。
仕事柄、色々試してきたので、手軽で効果の高いことは実証済みですよ。

・顔・首・デコルテのほぐしケアには・

マッサージガンがおすすめ

実は私、マッサージガンを16台持っているほどの
マッサージガンマニアです。
セルフのハンドマッサージではなかなかできない
強さと速さであっという間にほぐせるのが何より嬉しいですよ。

温める、冷やす、振動する3つの機能で身体を刺激。3200回/分のパワフル振動で手軽に日々のボディケアをおこなえる。

5種類のアタッチメントが付属。顔・首・デコルテまわりのケアには球形アタッチメントをおすすめしています。ドクターエア エクサガン ホット&クール REG-03 ¥24,750円（税込）／DOCTORAIR

・頭皮の引き上げケアには・

カッサがおすすめ

ガチガチになりやすい頭皮ケアはもちろん、
二重あごやあご下のセルライトケアにも
カッサが手軽でおすすめ。
あごや首にカッサを使うときはクリームやオイルを使いましょう。

お気に入り
アイテム

私のサロンでオリジナルに開発したブラシ型のカッサ。ヒノキとステンレスを使用しているため丈夫で軽く、入浴中にも使用できます。マッサージカッサブラシ ¥8,470円（税込）／junipersonal

日常ケアの愛用アイテム

私自身、幼少期はアトピー性皮膚炎に悩まされ、
大人になってからも手荒れに悩んでいました。
敏感肌のため、使えるケア用品も限られていた私が
日々愛用しているスキンケア&美容アイテムを紹介します。
保湿力を高めるアイテムなので、マッサージ前に使用するのもおすすめです。

希少な天然鉱石成分が血流促進・代謝機能を高めるだけではなく、細胞を活性化させ免疫機能までも促進。むくみや疲れ、セルライトや脂肪といった老廃物をしっかりと排出できる。zero FLUX CREAM 150g ¥9,350円（税込）／LE COLLECTION

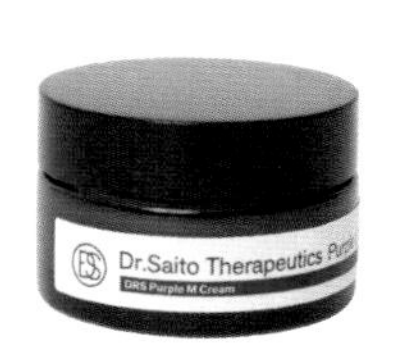

細胞培養の際に用いられる栄養成分フォーミュラ「規定化細胞培地9」を配合。乾燥がひどく普通の化粧品では保湿が十分でない人、今のスキンケアにあと1品、スペシャルケアを加えたい人におすすめ。DRS Mクリーム 40g ¥13,200（税込）／日本機能性医学研究所

肌のターンオーバーを整え、常識を超えたセラミド濃度、理想的なヒアルロン酸の配合率で1本で24時間うるおいキープできる化粧水。洗顔料とこの化粧水だけでスキンケアが完結できる。DRSローション 200mL ¥11,000円（税込）／日本機能性医学研究所

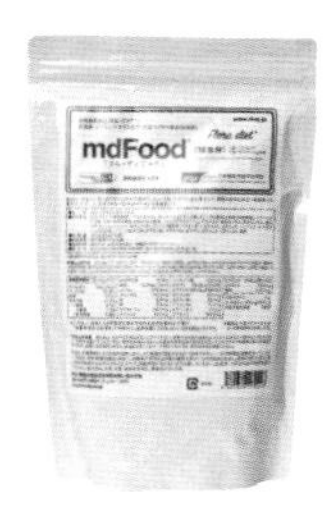

腸内フローラに注目した栄養機能食品。腸活やファスティング中におすすめです。就寝前、1日1食(1包)を目安に、80～180mLの水に溶かして飲んでいます。mdFood® 10食分 ¥10,800（税込）／日本機能性医学研究所

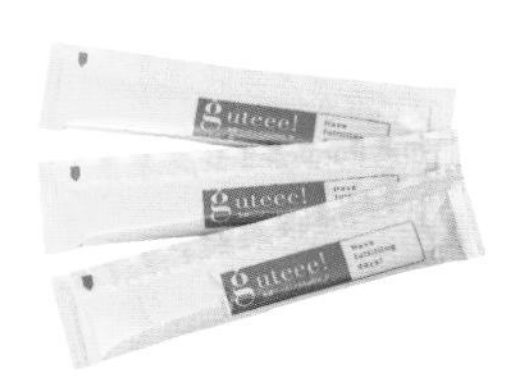

厳選された80種類以上の原料を8年熟成3次発酵した本物酵素に、ビタミンPを加えた酵素。腸活をしながら温活もしたい人にピッタリ。ファスティングや運動前にもおすすめです。guteee! 酵素 30包入り ¥16,800（税込）／CREAM.株式会社

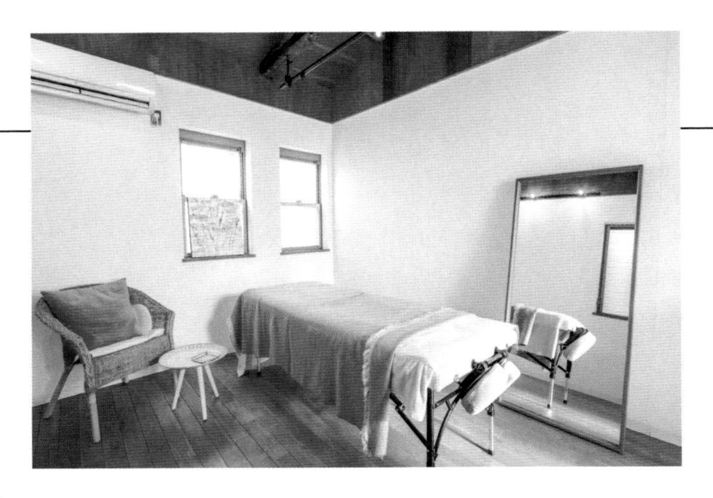

Lieb
Personal training & Estethic

骨格セルライト診断のカウンセリングを行い、お客様に合わせたオーダーメイドコースを組んで、根本的な改善を目指します。整体・トレーニング・エステを組み合わせた姿勢改善、筋肉ほぐし、脂肪ケアで、効率的にご希望の身体にしていきます。また、サロンでは通常のパーソナルトレーニングとは違い、自宅でセルフケアできる方法を必ず指導。お客様にもしっかり学んでもらいながら身体を変えていくことを大切にし、セッションを行っています。

Instagram @lieb_personal

EDEL
Bust Care SALON

女性がキレイになるためのバストアップ専門サロン。姿勢を改善し、日常で使えていない筋肉にアプローチすることでバストアップを叶えます。バストの左右差、加齢や出産によるたるみや形の崩れ、デコルテの骨が見えて寂しい印象などを改善していきます。バストにハリを与え、若々しく立体的なデコルテラインを生み出します。

Instagram @edel_bust_shirokane

／ Lieb オンラインレッスン ／

現在、サロンでの私の新規予約受付をお取りしていない状況が続いているため、オンラインで小顔だけでなく、全身のセルフケアのレッスンを始めました。右の写真は私自身です。コンプレックスだった下半身がスッキリしました。自分自身の体を変えた経験から、自信を持って筋肉のケア、セルライトケア、食事コントロールの正しい知識とケアについてお伝えしています。

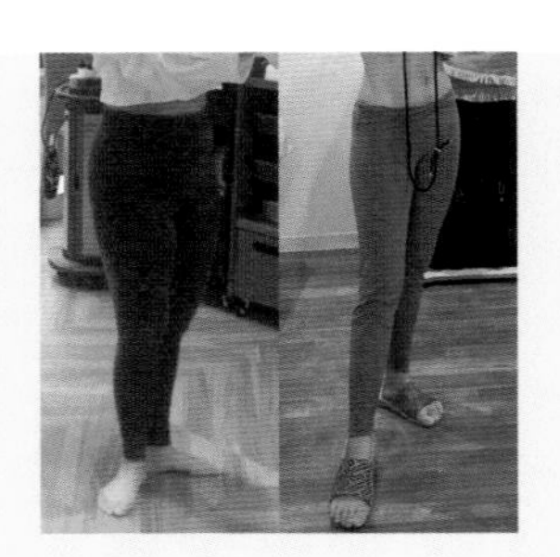

オンラインレッスン https://mosh.jp/Lieb/home

三澤順子

パーソナルトレーナー・
エステティシャン・
整体師

東京・白金台のカスタムケアサロン「Lieb」、バストケアサロン「EDEL」を主宰。1989年東京生まれ。自身が経営するサロンにて、ピラティス・ヨガ・パーソナルストレッチ・エステ・整体、筋力強化トレーニングを掛け合わせ、独自の理論で根本から改善する健康的な身体づくりを提供する。小顔マッサージ・姿勢改善・痩身セルライトケアなどのコースをオーダーメイドできる。1回の施術で効果を実感できるほど即効性があり、身体の不調が整い、理想的な大人の女性らしい身体が手に入ると反響を呼び、多くのモデル、タレント、俳優、インフルエンサーから支持を集める。現在はサロンワークの他、オンラインレッスン、パーソナル講師・監修、料理教室活動等を行っている。

Epilogue

私が身体を動かすようになったのは25歳のとき。
子どものころから「わざわざ疲れることをする意味がわからない」という性格で、なんで部活までして運動なんてするんだろうと思っていました。
25歳のときに膝が痛くなり、友だちに「私、膝に爆弾を抱えているんだ」という話をしたら、「順子が歩いているところを見たことない。運動もしていないからただの筋力不足でしょ？」って言われてしまいました。
そこから手始めにヨガを始めてみました。みるみる膝の痛みがなくなり、肩こりも改善。身体を動かすことが生きることに必要なことなんだと気づき、あっという間にハマりました。

でも、自己流で運動したり、ジムで筋トレしたりした結果、変に筋肉がつき、今度は腰が痛くなりました。女性らしい体型からも遠ざかるし、肩こりも完全になくならないし、腰痛も悪化するし……。

トレーニングしているから健康になるわけではない。その人に必要なこと、方法がそれぞれにあるんだ。会社員から転職して、この業界に入ってそのことを理解し、身体が本当に良い方向へ変わりました。

本書のセルフ小顔で効果を実感して、「もっとキレイになりたい！」という素敵な欲が出てきたら身体のケアもおすすめです。身体は全部つながっているので、ケアをすることで、顔まわりももっと美しくなりますよ。

私の周りには年上のキレイすぎる人たちがいっぱいいます。
私もその一人になれるようにセルフケアを取り入れています。
一生キレイでいたいよね。私は諦めない！
だから、あなたも一緒に頑張りましょう。

STAFF

カバーデザイン	喜來詩織（エントツ）
本文デザイン	熊谷菜穂美（ATOM STUDIO）
モデル	前坂美結
イラスト	野村憲司（トキア企画）、森崎達也（WADE）
写真・動画撮影	福井麻衣子
ヘアメイク	川口陽子
動画編集	グランツ
協力	高山都
校正	ディクション
DTP	アルファヴィル
編集	片山緑（サンマーク出版）

セルフ小顔

予約のとれないエステティシャンが教える一生使えるテクニック

2024年5月10日　初版印刷
2024年5月20日　初版発行

著者　三澤順子

発行人　黒川精一
発行所　株式会社サンマーク出版
〒169-0074　東京都新宿区北新宿2-21-1
03-5348-7800（代表）
https://www.sunmark.co.jp

印刷・製本　共同印刷株式会社

本書の動画は2026年5月まで保証いたします。

ISBN978-4-7631-4116-3　C0077

SHOP LIST

favs
(株式会社ダイヤコーポレーション お問合せ窓口)
03-6910-5085
ドクターエア お問合せ窓口
0120-05-8000
le collection お問合せ窓口
078-272-3367
日本機能性医学研究所 お問合せ先
info@mdfood.jp
CREAM. 株式会社 お客様お問合せ
info@guteee.tokyo